别让

不会说话

害了你

潘鸿生◎编著

北京工业大学出版社

图书在版编目（CIP）数据

别让不会说话害了你 / 潘鸿生编著. —北京 ：北京
工业大学出版社，2017.7（2022.3 重印）
ISBN 978-7-5639-5480-3

Ⅰ.①别… Ⅱ.①潘… Ⅲ.①语言艺术－通俗读物
Ⅳ.①H019-49

中国版本图书馆 CIP 数据核字 (2017) 第 117531 号

别让不会说话害了你

编　　著：	潘鸿生
责任编辑：	宫晓梅
封面设计：	胡椒书衣
出版发行：	北京工业大学出版社
	（北京市朝阳区平乐园 100 号　邮编：100124）
	010-67391722（传真）　　bgdcbs@sina.com
经销单位：	全国各地新华书店
承印单位：	唐山市铭诚印刷有限公司
开　　本：	787 毫米 ×1092 毫米　1/16
印　　张：	14
字　　数：	190 千字
版　　次：	2017 年 7 月第 1 版
印　　次：	2022 年 3 月第 3 次印刷
标准书号：	ISBN 978-7-5639-5480-3
定　　价：	39.80 元

前　言

　　说话是一门技巧，也是一门艺术，更是一门攻心的学问。古人云："一言兴邦，一言丧邦。"又有"三寸之舌，强于百万之师"之说。美国成功学大师戴尔·卡耐基曾说："一个人的成功，约有15%取决于技术知识，85%取决于说话艺术。"说话大至关系国家的命运，小至影响普通人的生活状态，由此可见会说话的重要性。

　　在当今这个高速发展的时代，无论是生活还是工作，会说话都是十分重要的。从应酬到闲聊，从谈判到说服，从交友到工作，无不需要说话的能力。会说话的人可以建立良好的人际关系，使自己赢得主动权，轻松达到预期的目的，而不会说话的人则不能与人进行有效的沟通，往往错失良机，甚至把原本不错的局面搅得一团糟，很难出人头地。可以说，是否会说话决定人的命运。

　　说话是一件最简单的事，同时也是一件最困难的事。我们天天在说话，但不见得会说话。无数事实证明，许多人并不是败在自己的能力上，而是败在了说话上。有时候，我们虽有着绝佳的创意，却因为无法准确地表达出来，得不到领导的赏识；有时候，我们空怀着一腔的热忱，却因为表述太过羞涩生硬，得不到对方的喜欢；有时候，我们身处应酬交际的场合，却因为过分投其所好恭维奉承，得不到客户的好感……这一切，都是因为我们不会说话所致。

说话是维系人际关系的重要纽带，也是决定你一生的关键因素。掌握好说话之术，对家庭、对事业、对生活，都会有很大的帮助。要知道：话讲得好，功成身就，讲得不好，身败名裂。所以说，一言可以成事，一言亦可以败事。很多时候，决定我们成败的并不是你的能力有多么强，而是你会不会说话，懂不懂说话的艺术。说话往往可以改变一个人的命运。

本书是一本说话宝典，立足于培养人们多方面的说话能力，全面提升说话的水平，帮助不会说话的人提升说话的能力，让其成为一个能说会道的人，在人生中找到属于自己的成功和幸福。从今天开始，就请学习本书的说话之术吧，别让不会说话害了你。

目　录

第三章　三言两语，打破陌生人的戒心

第四章　言语定律，利用心理策略让言语更具威力

第五章　魅力十足，让你"听起来"与众不同

第六章　巧言说服，让别人更愿意接受你的建议

第九章 开口禁忌，注意说话的"雷区"

第一章

会说话走遍天下，不会说话寸步难行

一言可以成事，一言可以败事

　　会说话是一种能力，无论在工作中还是在生活中都起着很重要的作用，就像古人说的那样：一言兴邦，一言丧邦。美国总统林肯曾经说过："口才是社交的需要，是事业的需要，一个不会说话的人，无疑是一个失败者。"在现实生活中，会说话的人在人际交往中如鱼得水、顺风顺水。而那些不善表达、言辞笨拙的人，就往往容易吃亏，甚至于栽跟头。说话的价值已经达到了不可估量的高度，说话的技巧，将有助于人们的成功之途。

　　在一次旅游中，旅游车行驶到了一段坑坑洼洼的道路上。车上的游客纷纷抱怨。

　　这时候，导游微笑着说："现在请大家放松身心，因为我们的旅游车正在为大家做全身按摩，按摩时间大约为10分钟，不另收费哦。"

　　游客们都笑了起来，抱怨一下子烟消云散了。

　　后来，由于天气原因，游客乘坐的飞机得先飞往苏州，再飞往目的地，大家都很扫兴。

　　这时候，导游安抚游客说："这多好啊，咱们刚好可以利用这个机会去苏州。这样，大家的行程上就又增加了一个美丽的城市，在您的相册上和记忆中还可以留下'东方威尼斯'的丽影。"

　　此话一出，大家的兴致立刻高涨了起来。

最后，在游览杭州的时候，天下起了绵绵细雨，游客们的情绪也因阴沉的天空而低落。

导游见此情景，又开始安慰大家说："真是天公作美啊！记得苏轼有一首诗说：'水光潋滟晴方好，山色空蒙雨亦奇。欲把西湖比西子，淡妆浓抹总相宜'。你们看，知道有远道而来的客人，老天连忙下起了绵绵细雨，好让大家感受苏轼曾经感受过的最美的西湖！"

在人们的生活中，会说话已成为自身成功的一个法宝，能使自己迅速地获得人心、广结人缘，能使自己的事业如日中天。会说话已经成为人们成就成功人生必不可少的条件。无怪乎有人说，不会说话的人如一台发不出声的留声机，虽然在那里转动，却引不起人们的兴趣。尤其在竞争激烈的现代社会，会说话被看作一种技能，也是一种能力的体现，因为一个人会说话代表着他的实力。会说话的人往往容易被人记住，而不会说话的人则容易被人淡忘。

随着社会的进步，人们的文化视野、交际视野开阔了，有越来越多的场合需要公开地发表意见，展现自己的才华。言不达意会让你错失良机，善于辞令会使你赢得主动权，而出言不逊会立刻让你四面楚歌。

一个会说话的人，脑子里装的都是智慧，只有充满智慧的人，才会说出那些具有哲理的话，也才能博得对方的尊重。其实，会说话的人不仅仅只有智慧，他们往往还拥有崇高的思想，拥有崇高思想的人，自然会在说话的时候将自己的思想也表露出来，这样说出来的话就会受到大家的欢迎。

会说话的人与不会说话的人在处理事情时的态度是截然不同的，当然他们所得到的结果也是截然不同的。

古代有一位县官，某天晚上做了一个梦，梦见自己嘴里的牙齿全部掉光了。第二天他吩咐手下的人找来两个解梦的人。县官问道："你们说说，为什么昨日我会梦见自己满口的牙齿全掉光了呢？"第一个解梦的人不假思索地抢先答道："大老爷，您这个梦的意思是，在您所有的亲属都死去以后，您才能死，一个都不剩。"县官一听，勃然大怒，气急败坏地命人杖打了这个解梦人100大棍，然后把他赶了出去。县官又看了看第二个解梦的人，说："你来说说。"第二个解梦的人不慌不忙地答道："我至高无上的青天大老爷，您这个梦的意思是，您将是您所有亲属当中最长寿的一位呀！"县官听了很高兴，便拿出了100两银子，赏给了第二个解梦的人，并好吃好喝招待了他一番之后才命人送他回去。

同样的事情，同样的内容，为什么一个会挨打，另一个却受到嘉奖呢？其实，只因为挨打的人不会说话，受奖的人会说话而已。

那些掌握了语言艺术的人，每当他们开口，总能用得体的言辞来抚慰别人，他们的妙语连珠，对听者来说是一种享受，即便是谈天说地，也可以让人身心愉悦。

卡耐基非常强调说话的重要性，他说："你会说话……你就可以使人家喜欢你，可以结交好的朋友，可以开辟前程，使你获得满意的结果。譬如你是一个律师，你的说话方式会吸引一切诉讼的当事人；你是一个店主，你的说话技巧会帮助你吸引顾客。有许多人，因为他们善于辞令，因此而擢升了职位……有许多人因此而获得荣誉。你不要以为这是小节，你的一生成败很大一部分取决于说话的艺术。"所以人不能仅仅满足于说普通的话，还要善于能言善语，这样生活才会变得更加绚丽多彩。

会说话，机遇闻"声"而来

　　说话水平高，很多机会呼之即来；说话水平低，很多机会闻"声"而去。在这个熙来攘往的世界上，机会随着人的意愿流动。而表达意愿的基本工具便是语言，那些说话水平高超的人大都会把各种愿望和意思表达出来，把各种利益顺理成章地聚拢到对自己有利的方向上来。可见，会说话对个人价值的体现是难以预估的。

　　说话决定成败，这点在求职面试的过程中表现得比较明显。很多时候，我们自身的硬件条件可能不是那么优秀，但说话却可以弥补这些不足，使我们收获一个意想不到的结果。

　　一个穿着破烂不堪的青年走进一家知名公司的老总办公室，以致老总见到他时十分震惊。老总有些不悦："你没有预约，就这样擅自闯进我的办公室，你觉得我会给你机会吗？"青年有些抱歉地回答道："十分对不起，我尝试过很多次，请求您的秘书帮我安排面试时间，但是都被拒绝了。无奈之下，我只好出此下策。"老总想了想，说道："即使我可以原谅你的行为，但是无论从你的仪表还是简历上来看，我认为我都不可能给你机会。但鉴于你很有勇气走进我的办公室，我可以给你一分钟的自我推荐时间——我很好奇，你凭什么认为自己可以被我雇用。"青年十分诚恳地说："今天如果您能给我一个机会，这对于您来说可能只是一个很小的善举，但对于我来说，这可能是决定我一生的机遇。"老总没有想到，青年并没有说自己的优点，而是说出这样一番令自己难以拒绝的话。最终，他答应让这个青年留在自己的公司。

上例中的老总之所以会被青年的话打动，不仅因为它令老总难以拒绝，重要的是它体现了青年的口才。即使青年在能力上有所欠缺，但他有一张会说话的嘴，这便是他的资本，也是他最有价值的地方。这位老总正是看到他的价值所在，所以给了他机会。

在费城的一条大街上，踯躅着一位失业的青年。据他自己说是想寻找一份工作。有一天，这个英国青年突然闯进了该城著名巨贾鲍尔·吉勃斯先生的办公室，请求吉勃斯先生花费一分钟时间，容许他讲一两句话。这位不速之客，使吉勃斯先生感到惊奇，因为他外表太刺目了，衣服已经破旧，浑身上下透出一种极度穷困的窘态，但精神倒是非常饱满。也许是好奇，或者是怜悯，吉勃斯先生答应与他谈一谈。原想与他只谈一两句话，可是谈了一个多小时还没有停止。被这位青年说得心悦诚服的吉勃斯先生立刻打电话给费城狄诺公司的经理泰勒先生。后来这位著名金融家泰勒先生竟邀请这位青年共进午餐，并给予了他一个优越的职位。这么一个穷途末路的青年，竟能在半天之内，获得吉勃斯的认可，他的成功秘诀，说起来其实很简单，就是会说话。

有了才干不会说话，也许也能获得成功；但既有才干又会说话的人，成功的概率一定会高出许多，因为许多机遇的把握都需要通过说话来实现。你或许觉得自己就是一个平凡的人，做着普通的事，会不会说话无关紧要。而别人特别是管理者或领导者却常常根据你怎样说话来衡量你的综合能力。因为说话可以充分展示你的道德素质、思想修养、业务能力及工作作风。透过说话这个窗口，别人就可对你进行全面、深入的认识与了解，由此你可取得他人的信任，从而把握住难得的机会一展自身的才华。古今中外，不知有多少人凭着会说话改变了自己原本平凡的命运。

如今，会说话已经成为现代社会人才的基本素质，能言善辩不仅是机遇的杠杆，更是事业成功的保证。那么，为什么会说话的人更容易获得机遇呢？因为凡是会说话的人都有敏锐的观察能力，能深刻地认识到事物的本质，说出的话一语中的；会说话的人思维能力强，说出来的话条理清晰，滴水不漏；会说话的人都具有流畅的口语表达能力，能自如地表达自己，展示自己。所以说，会说话是能力的标志，是获得机遇的阶梯。在现代激烈的社会竞争中，有了会说话的能力，机遇想躲都躲不掉。

我国某集团领导人出访某国，同某国外财团谈判关于合资经营新型浮法玻璃厂问题。对方以其技术设备先进为优势漫天要价，谈判一度陷入僵局。后来，该财团所在地的市商会邀请集团领导人发表演讲，集团领导人在讲话中若有所指地说："中国是个文明古国，我们的祖先早在1000多年前就将四大发明的生产技术无条件地贡献给了人类，而他们的后代子孙从未说过他们不要专利是愚蠢的，相反，却盛赞祖先为推进世界科学的进步做出了杰出的贡献。现在，中国在与各国的经济合作中，并不要求各国无条件地让出专利权，只要价格合理，我们一分钱也不少给。"这场不卑不亢的精彩演讲，赢得了与会者的赞赏，更使得那个国外财团在谈判中做出了妥协，使得双方的合作得以实现。

古代常用"三寸不烂之舌"形容口才的高超及富有魅力，口才的绝妙作用确实难以比拟。"欲审知其德，问以行；欲审知其才，问以言。"的确，口才就是这样奇妙，你既看不见，又摸不着，但举手投足之间，可以令风云变幻，这就是口才的特有魅力及其非凡的作用。

无数事实证明，说话创造的奇迹令人叹为观止，能把普通人变成有所成就的人，会说话的确为一种不可或缺的资本。会说话的人赢得的机会更多。会说话已日益成为现代人的一种重要能力而在社会竞争中发挥着越来越重要的作用。可以这样说，在现代社会里，说话是社会发展的需要，更是当代人完善自我的需要。会说话总会带给你更多财气与运气。拥有一张会说话的嘴，就等于为自己赢得了一次成功的机会，就等于为自己创造了一个美好的前程。

会说话，事业步步高升

当今社会是一个充满竞争与合作的信息化社会，说话不仅是人们日常生活之必需，也是直接影响个人事业成败的重要因素。生意场上有"金口玉言，利益攸关"之说；工作场合有"一言定乾坤"之说；生活中有"一言既出，驷马难追"之说。所以，事业的成功和失败，除了个人的品质和能力外，说话因素也是一个重要的方面。

富兰克林在自传中有这样一段话："我在约束我自己言行的方面，曾有一张约束言行的检查表。当初那张表上只列着12项美德，后来有一位朋友告诉我，我有些骄傲，这种骄傲经常在谈话中表现出来，让人觉得盛气凌人。于是，我立刻听从了这位友人的忠告，随后在表上特别列上'虚心'一项，我决定竭力避免一切直接伤害别人情感的话，甚至禁止使用一切绝对词语，如'当然''一定'等，而用'也许''我想'来代替。说话的好坏与事业的成败很有关系。你若出言不逊，跟人争辩，那么，你就不可能获得别人的同情、别人的合作、别人的帮助、别人的支持、别人的赞赏。"所以，一个人事业的成败，常会在一次谈话或发言中得到印证。因此，若想获得事业上的成功，就必须具备应答自如的会说话的能力。

小敏是一个腼腆羞涩的女孩儿，做文员已经两年了，业务都很熟练，工作仔细认真，几乎没有出过差错。看到好几个朋友和同事都跳槽跳进了很不错的公司，小敏也动摇了，想到更好的公司试试。可是，应聘了好几家公司，都在最后关头的面试上铩羽而归。因为小敏见到面试官总是会紧张得手足无措，那些本该对答如流的问题，小敏却支支吾吾答不上来。就这样，小敏不仅错过了很多好工作，而且越来越自卑，对自己没有了信心。

跟小敏形成对比的是秘书小刘。在秘书的岗位上，小刘除了做好自己的本职工作外，还十分注意口才的锻炼。他一方面努力学习各种知识，提高自己的学识，另一方面利用各种机会练习自己的语言表达能力。通过不懈的努力，他的口才有了很大的提高，说话有条有理，富有感染力，讲话时的声调、姿势、表情都配合得恰到好处，每次讲话都能产生很强的影响力。是金子总会发光，小刘水到渠成地坐上了领导的位子。

西方有位哲人说过："世间有一种能力，它时常受到世人的赏识，它就是讲话令人喜悦的能力。"所以，你想获得事业上的成功，就必须具有能够应付一切场面的说话能力。良好的沟通能力不仅能事半功倍，还能使一个人的才学得到充分展示。

无数事实证明：会说话的人才是这个时代最受欢迎的人，他们在事业上也比较容易成功。不管你生性多么聪颖、接受过多么高深的教育、拥有多么雄厚的资产，你如果无法恰当地表达自己的思想，就无法创造出自己真正的影响力。"一人之辩，重于九鼎之宝；三寸之舌，强于百万之师"，战国时苏秦游说六国，身佩六国相印；三国时孔明力排众议，舌战群儒；战国时毛遂自荐，救赵于危；春秋时晏子使楚，不辱使命……这一切都要通过说话来实现。说话能力是一个人综合素质的体现，会说话的人必然也有良好的素质、独特的思想、睿智的思维。说话能力是敏锐的观察力、丰富的想象力、深邃的思考力的综合运用和体现。语言是人们交流不可或缺的工具。我们如果总是无法准确地将自己的观点表达出来，就很难得到别人的拥护和支持，一个"孤家寡人"又怎么能够成就一番事业呢？所以说，说话决定人生事业的成败。

有一位身材肥胖的顾客问书店售货员："有《如何减肥》这本书吗？""对不起，太太，刚刚卖完。您要同一位作者写的《如何增肥》吗？""你拿我开玩笑吗？""绝非开玩笑，太太，只要您按照书中的建议反其道而行之就行了。我有一位朋友，她比您胖多了，就想买一本减肥方面的书。当时我就把这本《如何增肥》的书推荐给了她，想不到两个月后再见到她时，她居然瘦了10公斤。"这位售货员用自己的"三寸不烂之舌"完成了一项不可能完成的"任务"——把增肥的书卖给了一位胖顾客，可见说话的重要性。

有一个人对商业广告极有研究，曾在无机会中创造过机会。他以求职的目的去拜访过一位大公司的经理。会面以后他始终没有把谋职的意愿说出来。他只和经理谈天，他巧妙地把广告对于商业的重要性和其运用的方法融入谈话中，他举了许多有说服力的例子，他的谈吐引起了经理的兴趣，结果他还没说出谋职，经理就主动请他替公司试办设计广告事务，他的目的达到了。他有才干，而且懂得怎样用巧妙的谈话去找到他发挥才干的职位。这就是仅凭一席话给自己创造机会的人。

会说话是现代人生存与发展的资本。一个人能否成功，与是否会说话有着直接的联系。你如果会说话，那就能赢得比别人更多的发展机会，甚至会使自己的人生与事业光彩照人。美国人类行为科学研究者汤姆斯指出："说话的能力是成名的捷径。它能使人显赫，令人鹤立鸡群。能言善辩的人，往往使人尊敬，受人爱戴，得人拥护。它使一个人的才学充分拓展。"他甚至断言：发生在成功人物身上的奇迹，一半是由说话创造的。

会说话是我们必备的素质之一，是我们提高素质，开发潜力的主要途径，是我们驾驭人生、改造生活、追求事业成功的无价之宝，是通往成功之路的必要途径。说话与事业的关系十分密切，说话是胜任本职工作最重要的条件之一。知识就是财富，说话就是资本。说话水平高，能说会道，你的才华就可以通过言语充分地展露出来，你的良好形象就可通过说话具体地展现出来，从而使得领导更深一层了解你、赞赏你、进一步信任你、提拔你到各种关键的岗位上，将更重要的任务托付给你，使你脱颖而出，施展才华，助你在事业上走向成功。

会说话，让你人见人爱

马雅可夫斯基说："语言是人的力量的统帅。"就是说话的技巧在社会生活和人际关系中具有不可估量的作用。每个人都希望通过交往建立起和睦的家庭关系、亲属关系、邻里关系、朋友关系……而这些良好的社会关系可以使个人在温馨怡人的环境中愉快地学习、生活和工作。在人际交往中，起决定性因素的，不仅仅有个人的行为，还有个人的言语。正如俗话说的"良言一句三冬暖，恶语伤人六月寒"，多说"良言"不出"恶语"，不仅仅是个人的意愿问题，更涉及说话能力高低的问题。

在我们的身边，有许多不善言辞的人，因为不懂把握说话的时机，说了不合时宜的话，给别人带来了困扰，更给自己带来了不必要的麻烦，影响了与他人的正常交往。

琳达和丽莎同为一个超市的营业员，两人虽然职位相同，但私下里，琳达却因为家境稍好一些总是摆出一副盛气凌人的样子，经常拿取笑丽莎来给自己找乐子。

这天中午，琳达和丽莎正巧坐在同一张桌子上吃饭。丽莎吃得很少，吃完之后，她向餐厅工作人员要了一个塑料袋，准备将剩下的饭菜打包回去，作为自己的晚餐。琳达瞟了一眼丽莎，鼻子里"哼"了一声，高声喊道："服务员，给我也拿个塑料袋来。我家的小狗'西西'

最喜欢吃这里的火腿炒饭，我打包回去，晚上它一定很高兴。"说完，还很神气地瞥了丽莎一眼。丽莎低下头，默默带着打包好的饭走了出去。旁边同事看到这个场景，没有看不起丽莎，反而纷纷坐到离琳达很远的地方。

琳达的言语明显带有侮辱性质，她将丽莎与自己家的狗相提并论，不但伤害了丽莎，还使得自己在别人心里的形象一落千丈。由此可见，你在贬低别人的同时，更多的是贬低自己。如果你想让别人看得起自己，首先应该懂得尊重别人，不能出口伤人。

从以上事例中我们不难看出，从某种程度上而言，会说话与否直接决定了一个人在别人心中的形象。如果你说出的话随和、亲切、诚恳，那么你在别人心中就是可爱的；如果你喜欢恶语伤人，甚至拿讽刺他人来抬高自己，那么你非但不能提升自己在别人心中的形象，还会因此成为他人心中厌恶的人。

人生在社交中度过，说话交流伴随着我们每一刻。说话是生活的调味剂，是事业的推进器，是家庭的和谐曲，也是实现自我价值的凯歌。会说话会使我们愉快地工作，快乐地生活。

苏格拉底是古希腊伟大的哲学家，当时有不少年轻人向他求教说话的艺术。一天，有个年轻人为了表现自己，滔滔不绝地向苏格拉底讲了许多话，于是，苏格拉底向他索取双倍的学费。那年轻人问："为什么要我加倍交费呢？"

苏格拉底说："因为我要教你两门功课，一门是教你怎样学会闭嘴，另一门才是教你怎样说话。"年轻人听了羞愧地低下了头。

苏格拉底与学生相处总是那么乐观和睦，所以有学生问他："我从没见过你蹙额皱眉，你的心情为何总是那么好？"苏格拉底回答道："因为我没有那种失去了它就会使我感到遗憾的东西。"那名学生听了很受启发，人生就需要像苏格拉底那样拿得起、放得下。

事实上，苏格拉底在生活中一直遇到麻烦，大到雅典的奴隶主当权者要严厉处置他，小到他的妻子经常向他发脾气。苏格拉底的妻子是个心胸狭窄、性格暴戾且冥顽不化的女人，她常常唠叨不休，动辄破口大骂。有人问苏格拉底为什么娶了位这样的夫人时，苏格拉底说："擅长马术的人总要挑烈马骑，骑惯了烈马，驾驭其他的马就不在话下。我如果能忍受得了这样的女人的话，恐怕天下就再没有难以相处的人了。"

一次，正当苏格拉底与友人们兴致勃勃地高谈阔论的时候，他的妻子为了一件小事，突然闯进来大吵大闹。苏格拉底对妻子的吵闹一点也不在意，像闲人看热闹似的看着她撒泼，笑着道："好大的雷霆啊！"不料，他妻子更火了，把半盆凉水泼到苏格拉底的头上，使这位大名鼎鼎的哲学家变成了"落汤鸡"。朋友们看到这个场面，不禁呆住了，都以为将会发生一场恶斗。

然而，苏格拉底并没有发火。他用手将了将头上的水，平静而风趣地说："我早已料到，雷霆之后，必定是场倾盆大雨。"朋友听了，都哈哈大笑，本来十分尴尬的气氛顿时活跃起来。在朋友们的笑声中，苏格拉底的妻子被弄得手足无措，只好惭愧地退了出去。

后来，当奴隶主当权者不容苏格拉底的"异言邪说"传播，要将他处以死刑时，引起了普通百姓的极大愤慨，临刑时，一位妇女哭喊着说："他们要杀害你了，可是你什么罪也没犯呀！"

苏格拉底回答说："噢，傻大姐，难道你希望我犯罪，作为罪犯死去才值得吗？"这位伟大的哲人到生命的最后一刻，居然还保持着轻松幽默的情趣。

会说话的人凡事都进行积极的思考，保持乐观的态度，在遇到困难时，容易化险为夷。因此，一个人要想在复杂的人际关系圈里游刃有余，就应该学会说话。因为，说话具有无穷的魅力。它会让原本就熟识彼此的人情意更浓，爱意更深；会使陌生的人相互产生好感，产生深厚的友情；可以使意见有分歧的双方相互理解，消除矛盾；还可以令彼此怨恨的人化解敌意，友好相处。

人的社会性决定每个人都不是孤立存在，都离不开与他人的沟通和交流。事实上，世界上没有任何一个人不需要和别人交流，也没有任何一种工作不需要和别人打交道。所以，说话在人际交往中变得越来越重要了。高超的说话与交际能力有利于我们提高素质、开发潜能、驾驭生活、改善人生，是追求事业成功的无价之宝。

会说话，巧妙处理尴尬

哪里有声音，哪里就有力量，哪里就有胜利的曙光。

在社交场合，有时会遇到别人有意无意的奚落、挖苦、讥讽，你该怎么办？正确的做法是用语言"护心符"筑起防卫的城墙。有随机应变能力的人，总能调动自己的智慧，化被动为主动，使尴尬境遇烟消云散。

那么如何随机应变，处理尴尬呢？

1. 自嘲法

自嘲，顾名思义，就是自我嘲解，调侃自己。自嘲是一种幽默，一种智慧。如今人际关系那么复杂，想处理好它可不容易，一旦陷入尴尬境地，那么多人盯着你，不妨自我嘲解一下，既给自己找个台阶下，又能巧妙地缓和气氛。

在某俱乐部举行的一次盛宴招待会上，服务员倒酒时，不慎将啤酒倒到一位宾客那光亮的秃头上。服务员吓得手足无措，其他人也都是目瞪口呆。这位宾客却微笑地说："老弟，你以为这种治疗方法会有效吗？"在场人闻声大笑，尴尬局面即刻被打破了。

这位宾客借助幽默，既展示了自己的宽容大度，又维护了自我尊严，消除了挫折感。

2. 避实就虚

人处在社会之中，自然少不了交际活动。在交际活动中，常常会有因交际双方的语言造成误会的情况，或因第三方的无心之言而引起的难以收拾的场面。为了打破这种尴尬，我们可以采用避实就虚，假装糊涂，或故意误会、不理睬等方式解决，尽力让事态朝着缓和的方向发展。

某幼儿园中班来了一位年轻漂亮的实习老师。带班张老师带着这位新老师到班级里熟悉环境，突然，有几个小朋友大声说："这个老师比我们的张老师年轻漂亮。"这真是一语惊人，幼稚的孩子们哪能想到此时的两位老师是怎样的尴尬啊！对这位实习生来说，初上岗位，就碰到了这让人尴尬的场面，的确很头疼。如果就此做出肯定的回答，肯定会伤了张老师的面子。转过身来谦虚几句行吗？不行！反会弄巧成拙，这位实习生灵机一动，假装没有听清，严厉地说："我看是哪位小朋友这么不听话，在下边大声喧哗？老师不喜欢这样不遵守纪律的小朋友。"此语一出，张老师紧张的神情顿时轻松多了，尴尬的局面也随之消失。

这位实习生应答巧妙，避实就虚，既避开了"称赞"这一实体，假装没有听清楚，转而攻击"喧闹"这一虚像，又巧妙地告诉了那位带班老师我根本没有听清，又打消了那些孩子的称赞兴致，消除了他们误认为老师没有听到的可能，从而避免了他们再称赞几句而使原本已经紧张的局面变得更尴尬。

3. 偷换概念

偷换概念是指把本来不同的概念混同起来，故意制造概念混乱。一般的是，故意用一个相近的彼概念代替此概念。如果能够巧妙地偷换概念，就会起到摆脱尴尬、烘托气氛的良好效果。

4. 将计就计

生活中，最容易出现的尴尬就是口误了。缺乏经验的人碰到这种情况，往往烦恼不已，心慌意乱，越发紧张，接下去的表现更为糟糕。但其实，如果弥补措施采取得当，不仅不会尴尬，反而会使自己的话漂亮无比。当然，这需要你有灵活应变的能力。

有一次，某著名教授演讲时，把"中国人民的生活一年比一年好"

误说成了"一年比一年差"。君子一言，驷马难追。举座惊愕之际，教授若无其事，不紧不慢地接上一句："难道真是这样吗？不，大量事实驳倒了这种谬论。"

教授的应变能力，紧要关头发挥了作用。所谓将计就计，就是当错误的话已经说出口的时候，巧妙地将错误的话继续下去，最后达到纠错的目的。其高妙之处在于能够若无其事地改变说话的情境，使听者不由自主地改变原先的思路，顺着说者的思路前进，从而避免了因口误所造成的尴尬。

5. 转移话题

在日常的沟通中，谈话总是要围绕一个中心内容来谈，如果你对此不感兴趣，或不想多谈，这时就需要转换话题，摆脱不利局面。

在找对象问题上，一对母女意见不合，产生了矛盾。女儿不愿意也不能和母亲闹僵，只好等待时机再说。这天吃饭时，母亲又唠叨起来："你也25岁了，不小了，我像你这么大的时候，你姐姐都3岁了。人家王局长的儿子个高，长得又精神，还有现成的房子，为什么看不上呢？""妈，这个红烧茄子是不是按隔壁李阿姨教的做法做的？怎么颜色不好看，你过来看呀！"

女儿有意回避话题，就是采取了"碰到红灯绕道走"的办法。

有时双方意见不合，不要一味地继续下去，否则将会发生争吵，不如将问题绕过去，暂时避其锋芒。

会做不如会说，把口才练好最划算

当今社会，各个方面都需要沟通和交流，而人与人之间交流思想，沟通感情最直接、最方便的途径就是语言。只有通过出色的语言表达，才可以使相互熟识的人之间产生浓厚的情意；使陌生的人产生好感，结成友谊；使意见分歧的人互相理解，消除矛盾；使彼此怨恨的人化干戈为玉帛，彼此友好相处。

良好的语言沟通能力是可以改变命运的。会说话，语言沟通就变得简单许多，就意味着你有更多的机遇。

小王和小李是一起进公司的大学生，刚开始的岗位都是行政文员，然而两年后，小王已经是行政主管，小李却还是在行政文员的岗位上原地踏步。两人的学历相当，能力也相当，然而两人职场之路却有如此大的差别，原因就是两人的语言表达能力不同。小王不管和上司还是和同事都能谈笑风生，对于上司的意思总是能够准确明了地传达，而且能够游刃有余地协调公司各部门的工作。而小李不善言辞，不能很好地和上司同事沟通交流，上司让他做口头通知的时候，他总是说半天才能表达自己的意思，严重影响了工作效率。

说话是一门艺术，会说话更是一笔财富。生活中，会说话的人能把普通平常的话题讲得引人入胜，嘴笨口拙者即使讲的内容再好，听起来也会觉得索然无味；会说话的人能把某些建议一说就通，而不会说话者却连诉说的对象都没有。有人说："好胳膊好腿，不如长个好嘴。"这句话的确有道理，在某种情况下，"好嘴"确实能比"好胳膊好腿"创造出更大、更多的价值。

说话在一定程度上决定了一个人一生的成败、际遇。成功学大师卡耐基曾说过："是人才未必有口才，有口才者一定是人才。"如果你会说话，那么你的人生一定不会太失败。掌握与人沟通的技巧，是打造成功人生的必备基础。

掌握说话艺术，必须以个人素质为前提，以说话理论为指导，以实践锻炼为手段，并且坚持循序渐进的原则，不断总结分析，逐步提高。

那么，我们该如何掌握说话的艺术呢？

1.总结说话运用的规律

说话与其他任何事物一样，都有其内在的自身规律。总结无数能言善辩之辈的说话实践，对口语表达的艺术和技巧的规律进行概括和归纳，就形成了说话理论。

学习说话理论，把握说话运用规律，包括三个方面的内容：一是学习说话的核心理论，像交际学、演讲学、论辩学、谈判学等；二是学习说话的基础理论，如哲学、美学、人类学、社会学、语言学、逻辑学、心理学、交际学、文艺学、传播学等；三是学习别人的实践经验，观摩会说话的人的口语运用实践活动，专心听别人说话，分辨优劣，总结规律。

2.遵循循序渐进的原则

说话能力的提高，与其他能力的提高一样，都有一个由易到难、由简到繁的过程，循序渐进是培养说话能力、提高运用口语能力的一条重要原则。

谁也不能企望一口吃成个胖子，应当踏踏实实、一步一个脚印地前进。无论是素质的培养、理论的学习，还是技能的锻炼，都要循序渐进、由易到难。在培养说话能力的过程中，要做个有心人，认真总结每一次训练和实践，肯定能力，找出不足，分析问题出现的原因，研究克服不足的办法。只有坚持不懈，说话水平才会不断提高。

3. 加强自身修养

会说话是一个人良好修养与素质的充分体现。一个会说话的人，必备的是良好的思维品质、心理素质、思想素质和文化素质。围绕着个体素质的提高，我们应当在思想、品德、情感、意志、知识、智力等方面加强修养，从而树立科学的世界观，提高理论政策水平和思想认识深度，培养高尚而质朴的道德品质、丰富而健康的情感和坚韧而持久的意志，掌握更多的科学文化知识和本行业专门知识，形成由观察力、记忆力、概括力、分析力、推导力、想象力和应变力等组成的良好智力结构。这些是学会说话的基本保证。

4. 多加练习

要想会说话，就要多加练习。在说话理论知识指导下，进行严格、刻苦的训练和长期口语实践的体验，才是掌握口语表达技能、提高说话水平的正确之路，这也是古今中外一切能言善辩者成长的共同道路。即便是先天条件有些不足，只要经过刻苦的实践训练，也能获得非凡的说话之道。

上面几个方面为渴望提升说话水平的人们指明了一条正确、科学的道路。我们只要遵循这样一套培养说话之道的方法，就能够与人进行有效的沟通。

第二章
言语得体，这样说话最受欢迎

有一种说话修养叫作"尊重"

古人云："尊人者，人尊之"，尊重他人，这是一项非常重要的做人的准则。人与人之间的交往，都应建立在真诚与尊重的基础上。人唯有尊重他人，才能尊重自己，才能赢得他人对自己的尊重。

尊重原则就是说话人所表达的言辞要能尊敬、重视对方，而不能侮辱、歧视、伤害对方。尊重原则的把握不仅是言辞表达的要求，还体现着说话人的品格修养。

正所谓："君子必贵其言，贵其言则尊其身，尊其身则重其道，重其道所以立其教。"事物都是相辅相成的，你尊重别人，别人才会尊重你。俗话说：你敬我一尺，我敬你一丈。就是此理。你不尊重别人，别人也不会尊重你，结果彼此都不沟通、合作，显然达不到交际的目的。

尊重是沟通心灵的桥梁。尊重他人，我们与人沟通就有了良好的开端。没有尊重的沟通是不可能持续下去的。只有相互尊重，才能相互认可，让对方乐于接受。

现实生活中，我们要学会尊重每一个人，无论一个人的身份和工作多么卑微，穿着或长相有多么寒酸，我们都应尊重他，这是我们应该具备的良好品质。要知道，尊重没有高低贵贱之分，而且尊重别人就是在尊重自己。

迈克就曾因不尊重他人而付出了惨重的代价。迈克是一家小服装公司的老板，其公司产品大都通过一家外贸公司销往国外。迈克的公司与这家外贸公司长期合作，保持着很好的业务往来。外贸公司的胖经理就如同迈克的财神爷一样受到迈克的欢迎。

在一次谈判中，迈克极力劝说外贸公司和他们扩大贸易范围，但胖经理就是不答应。迈克费尽了口舌，依然一无所获。此时，迈克恼羞成怒，胖经理刚走，迈克就对手下人说："你看那胖子，往公司大门口一站，蚊子就只有侧着身子才能过来。"恰巧这时胖经理回来取忘了拿的手机，正好听到了迈克的嘲讽。

胖经理望了望迈克，拿起东西就走了，迈克甚是尴尬。之后他多次想方设法赔礼道歉，但胖经理始终未理他。这样，他们两家公司也就逐渐减少了合作，直至分道扬镳。迈克为此损失甚多。

我们虽希望赢得别人的尊重，却往往忽视了尊重别人。"己所不欲，勿施于人"是尊重他人的基本原则。心理学研究表明：人都有友爱和受尊敬的欲望，并且交友和受尊重的希望都非常强烈。人们渴望自立，成为家庭和社会中真正的一员，平等地同他人进行沟通。如果你能以平等的姿态与人沟通，对方会觉得受到尊重，而对你产生好感。相反，如果你自觉高人一等、居高临下、盛气凌人地与人沟通，对方会感到自尊受到了伤害而拒绝与你交往。

哲学家威廉·詹姆斯说过："潜藏在人们内心深处的最深层次的动力，是想被人承认、想受人尊重的欲望。"渴望受人喜爱、受人尊敬、受人崇拜，这是人类的本性。但是，有取必有予，我们希望获得些什么，也就必须首先付出些什么。我们希望获得别人的尊重，这就要求我们每一个人都要先学会尊重他人，这样我们才能获得别人的尊重。

自信十足，让你说话有底气

自信心指的是一个人对自身能力与特点的肯定程度。这种肯定程度直接影响到人们的说话胆量。自信就意味着对自己的信任、欣赏和尊重，意味着胸有成竹，处事有把握。充满信心的语言，往往会因其内在的力量而具有特别的动人魅力。

当美国总统罗斯福还是参议员时，他潇洒英俊，才华横溢，深受人们爱戴。有一天，罗斯福在加勒比海度假，游泳时突然腿部抽筋，动弹不得，幸亏旁边的人发现和抢救及时才避免了一场悲剧的发生。经过医生的诊断，罗斯福被证实患上了"腿部麻痹症"。医生对他说："你可能会丧失行走的能力。"罗斯福并没有被医生的话吓倒，反而笑呵呵地对医生说："我还要走路，而且我还要走进白宫。"

第一次竞选总统时，罗斯福对助选员说："你们布置一个大讲台，我要让所有的选民看到我这个患麻痹症的人，可以'走到前面'演讲，不需要任何拐杖。"当天，他穿着笔挺的西装，面容充满自信，从后台走上演讲台。他的每次迈步都让每个美国人深深感受到他的意志和十足的信心。后来，罗斯福成为美国历史史上唯一一位连任4届的伟大的总统。

高度的自信心，不仅可以直接增加说话的吸引力，而且还可以弥补自身某方面的不足，增强个人魅力。

自信的语言，体现了一个人的人格魅力。在与他人说话时，你的自我感觉会在很大程度上影响着别人对你的看法。如果你心里都觉得自己"行"或"可以"，那么你就能得到对方的赏识和尊重，对方也愿意与你继续交流下去。所以说，培养一种自信的感觉是非常重要的，它会让你在与人沟通的过程中受益无穷。

小泽征尔是世界著名的交响乐指挥家。在一次世界优秀指挥家大赛的决赛中，他按照评委会给的乐谱指挥演奏，演奏过程中，他敏锐地听到了不和谐的声音。起初，他以为是乐队演奏出了错误，就停下来重新演奏，但还是不对。他觉得是乐谱有问题。这时，在场的作曲家和评委会的权威人士坚持说乐谱绝对没有问题，是他错了。面对一大批音乐大师和权威人士，他思考再三，最后斩钉截铁地大声说："不！一定是乐谱错了！"话音刚落，评委席上的评委们立即站起来，报以热烈的掌声，祝贺他大赛夺魁。

原来，这是评委们精心设计的"圈套"，以此来检验指挥家在发现乐谱错误并遭到权威人士"否定"的情况下，能否坚持自己的正确看法。前两位参加决赛的指挥家虽然也发现了错误，但终因随声附和权威们的意见而被淘汰。小泽征尔却因充满自信而摘取了世界指挥家大赛的桂冠。

一个人有没有自信，是完全可以通过说话判断出来的。你如果能把自己的想法或愿望清晰、明白地表达出来，那么说明你的内心一定具有坚定的信心和明确的目标，同时你充满信心的话语也会感染他人，吸引他人的注意力，自信还会对你的事业发展有着巨大的推动作用。

自信是成功的先决条件。一个人如果没有自信，那么这个人的言语的影响力就弱，所要表达的想法就不会被有效地传达，也不利于和他人进行有效的沟通。所以说，自信的人具有丰富的个人魅力和感染力，他们更容易与人沟通和交流。

美国诗人爱默生说："自信是成功的第一秘诀。"一个人事业成就的大小往往与自信心的强弱有直接的关系。要想成为一名优秀的讲话者，必须具备良好的心理素质，克服自卑，树立坚定的自信心。

佳佳是公司一名不甚起眼的员工，最近公司出了一点问题，上上下下忙得一塌糊涂。最糟糕的是，以前谈过的一个重要客户，也因为佳佳公司的这一问题打算取消合作，这让公司的情况雪上加霜。经理打算派人去商谈，于是佳佳毛遂自荐，鉴于情况特殊，经理也只好同意她去

"拼死一搏"。

这天上午，佳佳收拾完毕，早早地就来到了约好的地点。等客户来了以后，经过一番介绍，双方立即进入了主题。

那个客户问道："你们公司濒临破产，我们还有商谈的必要吗？"

佳佳从容不迫地回答："请问您是怎么知道我们公司要破产的呢？"

客户继续说："外面不都这样说吗？"

"您居然也会听信外面那些流言。不错，我们公司是出了一些小问题，但绝不是您想象的那样。"佳佳不卑不亢地向这位客户说道。

看到佳佳这样的态度，这位客户倒是来了兴趣，他让佳佳具体介绍了公司的现状和所谈项目的一些情况。佳佳凭着对公司的熟悉和了解，同时还讲到了一些与客户公司联系紧密的项目。这样，客户渐渐觉得合作还是可以考虑的，于是答应前去考察，如果佳佳所说属实，就继续商谈合作之事。

很快，合作就顺利进行了，佳佳的公司也很快渡过了难关，走上了正轨，佳佳自然而然地也受到了领导的赏识。在后来的合作中，佳佳又遇到了那位客户，他告诉佳佳："是你的自信和气度让我重新决定和你们公司合作，一个人能够在严峻的环境下不卑不亢，自信从容，公司能有这样的人才，还怕企业会垮吗？"

一个人是否拥有自信，特别在与人交流的时候，显得至关重要。通常情况下，一个说话自信的人，他知识广泛、头脑灵活、判断力强、信心十足，说话富有磁性而有吸引力，同时，他还能在各种谈话场合中滔滔不绝，赢得别人的认同和赞扬。

自信的语言是一种人格的魅力。没有信心，人们就无法开展有效的交流。而能否保持自信，能否有效地开展交流，决定了你能否拥有成功的人生。生活过得充实与否，回报率的高与低，将直接与你说话的自信度成正比。但凡有所成就的人，他们对自己了解相当清楚，他们的共同点是说话十分自信，时时刻刻都用积极的语言来表达自己。

充满真诚，以感人的话语打动人心

说话的技巧固然很重要，但真诚也同样不能被忽视。中国的孔夫子曾经说过："巧言令色，鲜矣仁。"如果一个人长于辞令，可是表现得却过于油嘴滑舌，那么他说得再好也不会受到别人的重视，因为在旁人眼中，这个人没一句真话，不值得信赖。所以说，要想在语言上征服别人，首先必须要让别人对自己的话充分信任，如果做不到这一点的话，你就是说得天花乱坠，也不会有丝毫效果。

人与人交谈，贵在真诚。有诗云："功成理定何神速，速在推心置人腹。"只要你与人交流时能捧出一颗恳切至诚的心，一颗火热滚烫的心，怎能不让人感动？怎能不动人心弦？白居易曾说过："动人心者莫先乎于情。"炽热真诚的情感能使"快者掀髯，愤者扼腕，悲者掩泣，羡者色飞"。

说话不是敲击锣鼓，而是敲击人的"心铃"，而敲击人"心铃"的最好方法就是真诚的态度。曾经打败过拿破仑的库图佐夫，在给叶卡捷琳娜公主的信中说："您问我靠什么魅力凝聚着社交界如云的朋友，我的回答是：'真实、真情和真诚'。"人只有用一颗真诚的心与人交往，才能换来彼此的心灵相通，驱除人为的隔膜，坦诚以待。真诚是一笔宝贵的财富，拥有这笔财富的人将是这个世界上活得最自在的人，同样，人的语言魅力源于真诚。

20世纪中期，美国总统尼克松曾在政治上出现严重的危机。当时他是最年轻的参议员。在他为竞选奔忙时，《纽约时报》突然抛出抨击他在竞选中秘密受贿的文章。新闻飞遍全国，顿时舆论哗然，压力越来越大。就在此刻，尼克松举行了一次震撼美国的演说，使他奇迹般地化险为夷。

当时，尼克松在电视台发表了半小时的讲话。全国64家电视台、754家电台，将各种镜头、话筒对准了尼克松。当他出现在电视屏幕上时，整个美国都安静了下来。他把自己的财务史全部公开，从自己的家产一直谈到他的欠债。这样，尼克松首先得到了听众的信任。紧接着，他详细说明自己的经济收入情况，连自己如何花掉每一分钱都告诉听众。他还告诉大家："这次竞选提名之后，确实收到了一件礼物，那就是得克萨斯州有人送给我孩子的一条小狗。"当他讲完时，全美国都为他欢呼。有几百万人打电话或寄信件给他，从邮局汇来的小额捐款达6万美元，全美国收听、收看这次演讲的人竟达6000万。尼克松的演讲不仅使事实得以澄清，还得到了大批的支持者。这说明，说话者只要情真意切，就一定能够打动听者的心弦。

　　真诚的语言，不论对说话者还是对听者来说都至关重要。说话的魅力，不在于说得多么流畅，多么滔滔不绝，而在于是否善于表达真诚。最能赢得人心的人，不见得一定是口若悬河的人，往往是善于表达自己真诚情感的人。

　　心理学家认为，人与人之间存在"互酬互动效应"，即你如果真诚对别人，别人也会以同样的方式给予回报。

　　如果一个人能用得体的语言表达他的真诚，他就能很容易赢得对方的信任，与对方建立起信赖关系，对方也可能因此喜欢他说的话，并因此答应他提出的要求。能够打动人心的话语，才可称得上是金口玉言、一字千金。

　　说话的魅力并不在于你说得多么流畅，滔滔不绝，而在于你是否善于表达真诚。当你用得体的话语表达出真诚时，你就赢得了对方的信任，建立起了人际信赖关系，对方也就可能由信赖你这个人而喜欢你说的话。

　　拳王阿里年轻时由于不善于言辞而影响了他的知名度。有一次，阿里参赛时膝盖受伤，观众大失所望，对他的印象更加不佳了。当时他没有拖延时间，立即要求停止比赛。阿里说："膝盖的伤还不至于到不能比赛的程度，但为了不影响观众看比赛的兴致，我请求停赛。"在这之前，阿里并不是一个很有人缘的人，却由于他对这件事的诚恳解释，使大家对他有了极佳的印象。他为了顾全大局而请求停赛的确是替观众着想，由此而深深地感动了大家。

说话真诚的人，能得到别人的信任。把你的真诚注入日常交流之中，把自己的心意传递给对方，当听者感受到你的诚意时，他才会打开心门，接收你讲的内容，彼此之间才能实现共鸣。

美国总统林肯曾经有过一句名言："你可以在所有的时候欺骗某些人，也可以在某些时候欺骗所有人，但你不可能在所有的时候欺骗所有的人。"这就是说，我们在与人交往的时候一定要真诚，如果说话只注重语言上的华丽而缺乏真情实感，那么，即使我们能暂时欺骗别人的耳朵，也永远无法欺骗别人的内心。所以说，我们要想打动对方，就必须先问问自己：我的心是真诚的吗？

先声夺人，好声音体现说话的魅力

声音是语言的载体，是我们了解外面世界的媒介，美妙的声音能带给人美的享受。心理学家认为，声音决定了人类38%的第一印象，而音质、音调、语速变化和表达能力则占有说话可信度的85%。说话是一种有声语言的表达，因此，说话声音的质量显得尤为重要。

在美国有个有很多鸽子的广场，常常会有一位女歌手在广场上露天而歌，可是有一个很奇怪的现象，每当一位女歌手唱歌时，广场上的鸽子就会陆续飞走，等她唱完歌，那些鸽子又会陆续回来。开始人们很不解，后来一位医生揭开了其中的奥秘。原来是这位女歌手的声音有问题，她唱歌时的声音及其分贝可归属于噪声一类。看来对美好声音的追求和识别能力是动物与生俱来的。动物尚且知道追求美妙的声音，更何况我们人呢。

声音和人类有着紧密的联系。我们通过声音表达思想、情感、观点等，是我们的内在感觉的再现。希腊哲学家苏格拉底说："请开口说话，我才能看清你。"正因为他了解，人的声音是个性的体现，声音来自人体内在，是一种内在的剖白。慷慨激昂的演讲、声情并茂的朗读都会给人留下深刻的印象。

有个女孩大学毕业时，应聘几家外资企业都惨遭碰壁。原因是她讲话、说笑总是嗓门很大。一家外资公司人力资源部主任认为：声音很重要，它是文化素养的一种综合体现，有时候它比容貌更重要，因为公司的很多工作都是通过电话联络的，你和客户见面的机会并不是很多。所以，他希望他的员工不但要有优雅的仪态，还要有动听的声音。

声音是修养和优雅的体现。声音缺乏魅力会大大损伤一个人的美好特质。相反，充满魅力的声音可以增加一个人的自信、气质和人气，并能在关键时刻帮助他改变命运。

一个人的动听声音应该是饱满而充满活力的。既能充分传递自己的感情，又能调动他人的感情。音质宽厚醇美、语调抑扬顿挫，可以放射出独特的魅力，美化你的形象，保持人们对你的注意力，并且提高交流的成效。

一个人的声音，是有神而无形的文字，是一份比外貌更能持久迷人的魅力。美妙的声音可以穿越心灵，让你在人际交往中拥有主动权。

有一位非常成功的女性，她的声音清脆圆润，不管她到任何地方，只要她一开口说话，所有的人都洗耳恭听，因为他们无法抗拒这如此富有魅力的声音。那种真诚、爽朗、充满生命活力的声音就像从干裂的地面喷出的一股清泉，就像从静寂的山谷涌出的一道急流，在每个人的心头涓涓而流，恰似生命中最美的音乐。事实上，这位女士的相貌相当普通，甚至可以说是有些丑陋，然而她的声音却是那样的圣洁甜美。它所带来的魅力是不可阻挡的，并且也从某个层面象征着她的素养和魅力。

声音的魅力竟是如此神奇！所以说，动听的声音像难以抗拒的磁场，将人们的心紧紧地吸住。你要想使自己的声音有吸引力、让人爱听，就要"包装"声音，塑造出美的声音。

一个人的声音虽然是天生的，但是并非不能改变。人的声音是可以训练的，这跟人的形体一样。通过平时的练习，可以让声音更加充满韵味。很多播音员、歌唱家的声音都是训练出来的。我们虽不需要像专业主持人那样，达到纯正、专业的水平，但是需要在发声上多注意。要注意控制气息、音色、音量，言谈中要口齿流利，这样才能塑造出优雅迷人的形象。

所以，你如果想让自己的声音优美动听，就需要注意以下几点。

1. 注意你的语调

语调能反映出一个人说话时的内心世界、情感和态度。当一个人生气、惊愕、怀疑、激动时，所表现出的语调也会不一样。从一个人的语调中，人们可以感觉到他是一个诚实、自信、幽默、可亲可近的人，还是一个呆板保守、优柔寡断、好阿谀奉承或阴险狡猾的人。所以，无论你谈论什么样的话题，都应保持说话的语调与所谈及的内容相协调，并能恰当地表明你对某一话题的态度。

2. 注意发音的准确性

正确而恰当地发音，将有助于你准确地表达自己的思想，与人进行良好的沟通与交流。如果你说话发音错误并且说话含糊不清，这就表明你思路紊乱、观点不清，或对某一话题态度冷淡，这会使人感到极不自然，从而产生一种本能的抵触情绪。

3. 控制说话的音量

在任何场合大声说话，都会使对方产生压迫感，心情紧张，神经疲劳，注意力不集中，最终会降低交际效果。如果大声到喧哗的地步，引起不相干人的注意就更不明智了。一般在交际场合的音量以对方听得见为宜，电话中还要略低一些。

4. 注意说话的语速

当你在和别人交谈时，选择合适的语速十分重要。语速太快如同音调过高一样，给人以紧张和焦虑之感。如果说话的语速太快，以至于某些词语含糊不清，他人就无法听懂你所说的内容。当然，如果语速太慢，又会令人逐渐丧失耐心，有焦躁沉闷之感。正确的做法是，努力保持合适的语速，不要太快也不要太慢，并在说话时不断地调整。

5. 注意说话的节奏

节奏，即说话时由于不断发音与停顿而形成的强弱有序的变化。与说话有节奏的人谈话简直是一种享受。他们说话时，抑扬顿挫，引人入胜，就像一名出色的钢琴家，将语言的节奏当作钢琴的琴键而随意拨弄，弹奏出一曲动人心弦的《高山流水》。他们对语言节奏的掌控可谓随心所欲。所以，说话时不断改变节奏以避免单调乏味是相当重要的。

6. 不要用鼻音说话

在日常生活中，我们经常听到"哼……嗯……"的发音，这就是鼻音。如果你说话时常常使用鼻音，肯定不会受到他人欢迎，因为你的声音让人听起来似在抱怨，十分消极。如果你想让自己所说的话更具吸引力和说服力，如果你期望自己的语言更加富有魅力，那么从现在开始就别再使用鼻音。

以礼待人，经常把礼貌用语挂嘴边

语言是思想的衣裳，它可以表现出一个人的高雅或粗俗。你如果想接通情感的热流，使社交畅通无阻，就应得体地运用礼貌谦辞。

我国历来有礼仪之邦的美誉，礼貌待人是中华民族的传统美德，礼貌代表一个人的文明程度。尤其在当今社会，当你具备了很好的礼貌习惯，掌握了相应的礼貌知识后，你做事就很顺利，就能享受到生活的快乐和成功的喜悦；你如果没有很好的礼仪习惯，就会因缺乏修养而被排斥，甚至惹出不愉快的事情来，自己也得不到丝毫的好处。正如列宁所说："礼貌是数百年来人们就知道的，是数千年在一切处世格言中反复谈到的起码的公共生活原则。"因此我们必须养成礼貌待人的好习惯。

礼貌是通过语言或行动表现出来的对他人的尊敬，反映了这个人的道德品质和文化教养，是内在美的表现，有的人相貌并不美，但很讨人喜欢，重要原因之一就是他的态度谦卑亲和，说话文明和气，举止端庄大方，使人愿意亲近他。

《诗经》上说："谦谦君子，赐我百朋。"只有懂得礼仪的人才能获得更多的朋友。礼多人不怪，人们都将一个人是否彬彬有礼作为其社会地位和受教育程度的检验标准。礼貌待人可以在人和人之间架起理解的桥梁，减少矛盾。文雅、和气、宽容的语言，不但可以沟通人们的心灵，而还可反映一个人的思想和文化修养。正如俗话所说：礼到人心暖，无礼讨人嫌。

从前，有个年轻人骑马赶路，忽然见一位老汉从路边经过，他便在马上高声喊道："喂！老头儿，离客店还有多远？"老汉回答："五里！"年轻人策马飞奔，急忙赶路去了。结果一口气跑了十多里，仍然不见人烟。他暗想：这老头儿真可恶，说谎话骗人，非得回去教训他一下不可。他一边想着，一边自言自语道："五里，五里，什么五里！"猛然，他醒悟过来了，这"五里"，不是"无礼"的谐音吗？于是便掉转马头往回赶，追上了那位老人，急忙翻身下马，亲热地叫了声："老大爷。"话还没说完，老人便说："客店已过，如不嫌弃，可到我家一住。"

生活中有很多这样的例子，仅仅因为一个小节的礼貌疏忽，便使自己的形象在别人的心目中大打折扣。相反，一个有礼貌的人很容易被别人认可、接受，既可以给别人带来温暖，也会令自己十分愉快。学会礼貌，生活便是和谐、有趣的，成功也会因此变得不再遥远。

歌德说："一个人的礼貌是一面照出他肖像的镜子。"一个人是否有礼貌，绝不只是无足轻重的小事，它表明一个人是否具有道德修养。我们有了礼貌，就有了与人交往的亲和力。

一个新生来到北京大学报到，由于要到报到处填表，随身的行李没地方放，他非常着急。这时，他忽然看到一位踽踽独行的老人，于是，招呼都不打，说了句"帮我看着行李"就去报到了，老人就这么看着这个行李，直到这名新生回来。没想到这名新生回来拎起行李，连个"谢"字都没说就走了，这名新生万万想不到的是，在开学典礼上，他又看到了这位老人。老人在台上看着莘莘学子，主持人介绍说：这位就是我国文化泰斗季羡林先生。

如果说在象牙塔里某种无礼可以被宽容的话，那走上工作岗位，再习惯地做无礼的事儿，恐怕就没法被宽容。殊不知，礼貌是一种智慧，这种平和内敛表达着对别人的尊重，不会激起对方的反感，也就自然地给自己扩宽了很大的回旋空间。这就是君子生活在人性丛林中必须遵守的法则。"有礼走遍天下，无礼寸步难行"。没有礼貌的人是举步维艰的。

礼貌待人并不只是一种形式，而是沟通人们之间友好感情的一座桥梁。礼貌待人不仅能使人与人之间的关系更加纯洁美好，而且还可以避免和减少某些不必要的冲突，使社会生活更加和谐安详。在这种美好和睦的环境中，人们能够增进友谊，加强团结，更好地学习、生活、工作，并从中感受到亲切、温暖。

"敬人者，人恒敬之"。礼貌是一个人应有的基本修养，在和他人交谈的时候，有礼貌的人都会给人一种好感，受到别人的尊重。所以，在和他人交往的时候，要注意做到自己的一言一行都有礼貌。

谦虚谨慎，不要口出狂言

人们常说"天不言自高，地不言自厚"。自古以来，谦虚是一种美德，不谦虚的人很难获得大家的肯定。因此，平时我们要多用谦虚的语气和人说话。

说话谦虚的人常常给人留下有礼貌、有素养、有深度的印象。面对陌生人时，飞扬跋扈只会让人退避三舍。而谦逊得体、不卑不亢的言谈举止能够充分体现一个人的涵养和平易近人的性格，从而为对方带来亲切随和的感觉，进而消除其胆怯、羞涩的心理。此外还能给其以较大的自由度和自信心，鼓励其大胆积极地深入交谈。

爱因斯坦是20世纪世界上最伟大的科学家之一，他的相对论以及他在物理学方面的研究成果大大促进了科学的进步。然而，就是他这样一个人，无论何时都保持谦恭的态度。

有人去问爱因斯坦，说："您老可谓是物理学界的资深老前辈了，何必还要孜孜不倦地学习，何不舒舒服服地休息呢？"爱因斯坦并没有立即回答他这个问题，而是找来一支笔、一张纸，在纸上画了一个大圆和一个小圆，对那个人说："目前，在物理学这个领域里可能是我比你懂得略多一些。正如你所知的是这个小圆，我所知的是这个大圆，然而整个物理学知识是无穷无尽的。对于小圆，它的周长小，即与未知领域的接触面小，它感受到自己未知的少，而大圆与外界接触得多，所以更感到自己未知的东西多，会更加努力地去探索。"

1929年3月14日是爱因斯坦50岁生日。全世界的报纸都刊登了关于爱因斯坦的文章。在爱因斯坦住所的信箱里，装满了成千上万封从全世界寄来的祝寿的信件。

然而，此时爱因斯坦却不在自己的住所里，他在几天前就到郊外的一个花匠的农舍里躲起来了。

爱因斯坦的儿子问他："爸爸，您为什么那么有名呢？"

爱因斯坦听了哈哈大笑，他对儿子说："你看，瞎甲虫在球面上爬行的时候，它并不知道它走的路是弯曲的。我呢，正相反，有幸觉察到了这一点。"

爱因斯坦就是这样一个谦虚的人，名声越大，他就越谦虚。

谦虚是高尚的品德，居功自傲最终会导致失败。成就越大的人往往说话越谦虚，成功的第一个条件便是谦虚，谦虚会使人得到尊重。谦虚地说话是雄心大志的表现，是正确认识客观世界的体现。

在奥斯卡领奖台上，著名影星英格丽·褒曼在连获两届最佳女主角奖后，又因在《东方快车谋杀案》中演技精湛，获最佳女配角奖。然而，与她角逐此奖的弗伦汀娜克蒂斯也对这个奖项充满了期待，名单揭晓后弗伦汀娜克蒂斯难以掩饰内心的落寞。

在接过奖杯发表获奖感言时，英格丽·褒曼却说："其实，我觉得弗伦汀娜克蒂斯一直表现得比我更优秀，她也是我最喜爱的演员之一，真正的获奖者应是她。"紧接着，她把目光转向弗伦汀娜克蒂斯，真诚地说："原谅我，弗伦汀娜克蒂斯，我事先并没有打算获胜。"

英格丽·褒曼这一句低调而谦逊的话语，马上消除了对方的心理隔阂。泪珠瞬时从弗伦汀娜克蒂斯的脸上滚落，她们紧紧地拥抱在一起。

为了维护良好的人际关系，我们在说话的时候要考虑别人的感受，不要调子太高，让对方感觉难以接近，反而要让对方在交谈时也有优越的感觉。褒曼作为获奖者，没有喋喋不休地叙述自己的辉煌，没有被胜利冲昏头脑，反而对自己的对手推崇备至，维护对手的面子。无论这位对手是谁，都会感激英格丽·褒曼。她这种谦卑的语言就像她的为人一样，非常有魅力。

人们都喜欢说话态度谦虚和善的人，讨厌傲慢无礼的人。我们如果想得到别人的喜欢，说话态度谦虚就必不可少。不要目空一切、自以为是，适当使用敬语，听取别人的意见，是态度谦虚的基本要求，做到了，也就讨得了别人的喜欢。

第三章
三言两语，打破陌生人的戒心

说好开场白，第一句话就打动人心

初次和陌生人交谈，谁都想给对方留下良好的第一印象，说好开场白起着至关重要的作用。好的开场白能在短时间内消除彼此之间的陌生感，拉近彼此之间的距离。从某种意义上说，说好了开场白，你也就拥有了一把打开陌生人心扉的钥匙。

俗话说："酒逢知己千杯少，话不投机半句多。"说好你的开场白，能够赢得双方的好感，迅速地拉近彼此间的距离，甚至让对方对你产生一见如故的感觉。说好你的开场白，就相当于为双方有进一步的交往和交流开了个好头。

当今社会，人际交往日益频繁，参观访问、调查考察、观光旅游、应酬赴宴等，均要与素不相识的人打交道，说好开场白，既是一件畅快人心的事，又是为人处世的良好开端。

有一次，张青青跟一位著名作家谈话。通常张青青对这类访问都应付自如，但这次她发觉自己结结巴巴，不知如何开口。最后张青青说："不知为什么我对您有点畏惧。"作家听完哈哈大笑，随后大家就谈得自然起来了。

有一名年轻的女研究生第一次到北京某高校讲课。因为紧张，她在讲台上足足站了好几分钟，仍然没有开口。最后，她在黑板上写道：我第一次上课，见你们人多，怕了。这个别出心裁的开场白，引起了学生极高的兴致。于是紧张的气氛缓和了下来，她开始侃侃而谈。她的课给学生留下了深刻的印象。

千里之行，始于足下。说好"第一句话"看似简单，实则至关重要。只有第一句话说好了，第二句、第三句才能精彩地进展下去。与人交往，恰当的"第一句话"是不可或缺的。说好开场白的关键是给人以亲热、友善、贴心的感觉，消除彼此间的陌生感。常见的方式有以下几种：

1. 问候式

真诚的问候给人一种亲切、友善的感觉。问候是生活中不可或缺的因素，能快速拉近陌生人之间的距离。"您好"是向对方问候致意的常用语，如能因对象、时间的不同而使用不同的问候语，效果则更好。对德高望重的长者，宜说"您老人家好"，以示敬意；对年龄跟自己相仿者，称"老×（对方的姓氏），你好"，显得亲切；对方是医生、教师，说"李大夫，您好""王老师，您好"，这样问候带有尊重意味。节日期间，说"节日好""新年好"，给人以祝贺节日之感；早晨说"您早""早上好"则比"您好"更得体。

2. 敬慕式

对初次见面者表示敬重、仰慕，这是热情有礼的表现。运用这种方式时必须要掌握分寸，恰到好处，不能乱吹捧，不说"久闻大名，如雷贯耳"之类的过头话。表示敬慕的内容应因人、因时、因地而异。例如："您的艺术品我曾经观摩过多遍，受益匪浅。想不到今天竟能在这里一睹艺术家的风采！""以前只在电视和杂志上见到过您的美貌，今天能一睹您的芳容，真是明白了何为倾国倾城啊！"

3. 攀认式

通常，只要对一个素不相识的人做一番认真调查，就能找到或明或隐，或近或远的亲友关系，如果见面时拉上这层关系，就能一下缩短心理距离，使对方产生亲切感。并且，任何两个人，只要彼此留意，就不难发现双方有着这样或那样的"亲""友"关系。譬如："你是北京大学毕业生，我曾在北大进修过四年。说起来，我们还是校友呢！""您是文艺界老前辈了，我也是个文艺爱好者，咱俩真是'近亲'啊。"这种初次见面互相攀认式的谈话方式，很容易让人在短时间内产生一见如故的感觉。

4. 扬长避短式

多数人都喜欢别人赞美自己的长处。在跟初识者交谈时，若能以直接或间接的方式赞扬对方的长处作为开场白，就能使对方对你产生好感，交谈的积极性也就得到极大激发。反之，如果有意或无意地触及对方的短处，使对方的自尊心受到伤害，交谈的效果就可想而知了。

一个陌生人在你面前并不可怕，可怕的是你不能与他交谈。你只要主动、热情地通过话语同对方交谈，努力探寻与对方之间的共同点，就能拉近你们之间的距离，赢得对方的好感。

总而言之，初次见面的开场白是打开对方心扉的敲门砖，也是使人对你一见如故的秘诀。

善于谈论别人感兴趣的事

"酒逢知己千杯少"，两个意气相投的人在一起总觉得有说不完的话。因此，我们在和陌生人交往时，不妨多多寻求彼此在兴趣、性格、阅历等方面的共同之处，使双方在交谈的过程中获得更多关于对方的信息，迅速拉近距离，增进感情。

每个人都喜欢别人关注自己、重视自己、关心自己，如果你让他谈出自己的得意之事，或由你去说出他的得意之事，他肯定会对你有好感，肯定会与你成为好朋友。

在与人交谈的时候，聪明的人会找对方感兴趣的事或物交谈，使谈话的气氛友好而和谐，而愚蠢的人则对自己感兴趣的事情或自己的爱好大肆吹嘘，使对方感觉到谈话乏味无聊，当然不同的谈话形式带来的结果也不会相同。

谈论别人感兴趣的话题，常常可以把两个人的情感紧紧地连在一起，而且还是打破僵局，缩短交往距离的良策。

美国纽约银行家杜威先生说道："我仔细研究过有关人际关系的丛书，发现必须改变策略，于是我决定去找出这个人的兴趣点，想办法激起他的兴趣。"所以，如果你希望别人喜欢你，就要抓住其中的诀窍：了解对方的兴趣，针对他所喜欢的话题与他聊天。

在一次大型汽车展示会上，某公司的汽车销售人员林霞结识了一位潜在客户。通过对潜在客户言行举止的观察，林霞分析这位客户对越野型汽车十分感兴趣，而且其品位极高。虽然林霞将本公司的产品手册交到了客户手中，可是这位潜在客户一直没给林霞任何回复，林霞曾经两次试着打电话联系，客户都说自己工作很忙，周末则要和朋友一起到郊外的射击场射击。

后来经过多方打听，林霞得知这位客户酷爱射击。于是，林霞上网查找了大量有关射击的资料。一个星期之后，林霞不仅对周边地区所有射击场了解得十分深入，而且还掌握了一些射击的基本功。再一次打电话时，林霞对销售汽车的事情只字不提，只是告诉客户自己无意中发现了一家设施齐全、环境优美的射击场。下一个周末，林霞很顺利地在那家射击场见到了客户。林霞对射击知识的了解让那位客户迅速对其刮目相看，他大叹自己找到了"红颜知己"。在返回市里的路途中，客户主动表示自己喜欢驾驶装饰豪华的越野型汽车，林霞告诉客户："我们公司正好刚刚上市一款新型豪华型越野汽车，这是目前市场上最有个性和最能体现品位的汽车……"一场有着良好开端的销售沟通就这样开始了。

在这里，林霞对症下药，从"射击"这一突破口进入，激起了对方的共鸣，从而轻易达到自己的办事目的。接触对方内心思想，通达对方心灵深处的妙方，就是和对方谈论他最感兴趣的事情。只要你懂得谈论对方最感兴趣的事情，那么你离成功也就八九不离十了。

谈论对方感兴趣的事或物，是在无形中给对方的一个赞美和肯定，这会让对方对你产生好感，从而拉近彼此之间的距离。

每个人都有自己感兴趣的事物或话题，所以，聪明的人总会找到他人的兴趣点，积极主动地为他人送上"一顿美味大餐"，这样做比漫无目的地乱说强一百倍。

与人沟通，注意对方的称谓

称呼是指人们在正常交往应酬中，彼此之间所采用的称谓语。在交际过程中，称呼往往是传递给对方的第一个信息。不同的称呼不仅反映了交际双方的角色身份、社会地位和亲疏程度，而且还表达了说话者对听话者的态度和思想感情，而听话者通过对方所选择的称呼形式可以了解说话者的真实意图和目的。恰当的称呼能使交际得以顺利进行，不恰当的称呼则会让对方产生不快，为交际造成障碍。

刘女士今年快70岁了，由于保养得好，看上去比实际年龄要年轻些。她去菜市场买菜，一个新来的年轻姑娘迎上来说："老奶奶，我们家的菜可新鲜了，看看您需要点什么？"

没想到刘女士的脸色很难看，没搭理那个姑娘，径直走了。这位姑娘感到很纳闷，不明白是怎么回事。旁边的人悄悄对姑娘说："她不喜欢别人叫她老奶奶，你叫她阿姨，她就对你热情了。"

原来，这刘女士虽然年纪有点大了，但是却不愿意别人叫她"奶奶"。她经常来这个菜市场买菜,大家都认识她,而这个姑娘是新来的,对此当然不知道。

第二天,刘女士又来买菜,那个姑娘亲热地叫了一声:"阿姨,看看我们家的菜吧,便宜又新鲜。"刘女士高兴地凑了上去,看看这个,瞅瞅那个,选了不少菜。

由此可见,对于别人称呼的重要性。称呼他人是一门极为重要的艺术,若称呼得不妥当则很容易让他人产生反感,甚至记恨在心,久久无法释怀。

称呼是否得体在一定程度上决定了人们交往活动的成败。心理学家认为,得体的称呼能使人身心愉悦,增强自信,有助于形成亲密和谐的人际关系。而良好的人际关系能使人精神振奋,提高工作效率。而且,得体的称呼也能缩短人和人之间的心理距离。所以在人际交往中,我们要学会正确称呼他人。

那么该如何正确称呼他人呢?

1. 要看对方年龄。

老话说得好:"逢人短命,遇货添钱。"意思是说,人家的年龄,要少说三五岁,人家的东西,要往贵了说。如今的老年人都有一种不服老的心态,其中女性尤甚,能喊"阿姨"的就别喊"奶奶"。另外,还需注意,看年龄称呼人,要力求准确,否则会闹笑话。比如,看到一位20多岁的妇女就称"大嫂",可实际上人家还没结婚,这就会使人家不高兴。如果对方不是年轻的小姑娘,而你又实在不能判定对方有没有结婚,就喊对方"女士"。

2. 要考虑自己与对方的亲疏关系

在称呼别人的时候,还要考虑到自己与对方之间关系的亲疏远近。比如，对你的好朋友或关系较好的同事，直呼其名更显得亲密无间。若是你见了多年未见的姐妹喊"女士"，反而会使彼此疏远。当然，为了打趣故作正经，开个玩笑也是可以的。

在与多人同时打招呼时，更要注意亲疏远近和主次关系。一般来说以先长后幼、先上后下、先女后男、先疏后亲为宜。

3. 要考虑对方的职业

称呼别人的时候还要考虑到别人的职业。对不同职业的人，应该有不同的称呼。比如，对农民，应称"大爷""大娘""老乡"；对国家干部和公职人员、对解放军和民警，最好称"同志"；对医生应称"大夫"；对教师应称"老师"；对刚从海外归来的港台同胞、外籍华人，要称"先生""女士"。

4. 要注意区域性

有些称呼，具有一定的地域性，使用不通行的称呼就会带来麻烦。比如山东人喜欢称呼"伙计"，但在南方人听来"伙计"是"打工仔"的意思。中国人经常把配偶称为"爱人"，在外国人的意识里，"爱人"是"第三者"的意思。

5. 要注意场合。

有些称呼在正式场合不宜使用。例如，"兄弟""哥们儿"等一类的称呼，虽然听起来亲切，但显得档次不高。

称呼他人为一门极为重要的艺术，一个热情、友好而得体的称呼，似妙言入耳，如春风拂面，使对方顿生亲切、温馨之感。为了保证交际的正常进行，说话者要根据对方的年龄、职业、地位、身份，以及同对方的亲疏关系和谈话场合等一系列因素选择恰当的称呼。

做个漂亮的自我介绍，让对方认识和了解你

自我介绍，简言之，就是在必要的社交场合，由自己担任介绍的主角，自己将自己介绍给其他人，以使对方认识自己。它是向别人展示你自己的一个重要手段，自我介绍好不好，直接关系到你给别人的第一印象的好坏及以后交往的顺利与否。在人际交往中，如果能正确得体地介绍自己，不仅可以扩大自己的交际范围，广交朋友，而且有助于自我宣传、自我展示。

"我叫邱百灵，熟悉的朋友都会直接叫我百灵，一来是方便，二来是大家都说我的声音就跟百灵鸟一样好听，不知道大家是不是也这样认为。我性格开朗大方，偶尔还会来点儿小幽默。说到我的兴趣和特长，那可谓是五花八门。音乐和体育是我平时最喜欢的，比如爱听周杰伦的音乐，一个月会去一次KTV，几个月会去打一次保龄球，这就是我所谓的体育爱好了。此外我还爱好阅读和烹饪，不过朋友都取笑我说'如果偶尔煮煮方便面也算爱好烹饪，偶尔读读美容杂志，也可以号称爱好阅读的话，那你还真是实至名归。'

"呵呵，跟大家开个玩笑，其实我还真是样样都喜欢，爱好广泛，相信跟很多人都能聊到一块儿。希望借今天这个平台，能结交到更多的

朋友。"

这是在一次联谊活动中邱百灵的自我介绍，活泼幽默的语言让人印象深刻，让她一下子和陌生人拉近了距离。

与人初次相见，一个巧妙的自我介绍，无疑为你和陌生人之间搭起了一座沟通的桥梁，是成功交际的第一步。每一个沟通高手与陌生人交谈都会知道如何巧妙介绍自己，从而博得对方的好感。

自我介绍是一个人的"亮相"，人们的评价就从此时开始。从某种意义上来说，自我介绍是社交活动的一把钥匙。这把钥匙如果运用得好，可使你在以后的活动中顺风顺水，反之，由于已造成了不良的第一印象，也会使你觉得困难重重。那么，应该怎样做自我介绍呢？交往心理学家为我们提出了几点建议：

1. 注意方式

根据不同场合、环境的需要，自我介绍的方式有所不同。

（1）应酬式的自我介绍

这种自我介绍的方式最简洁，往往只包括姓名一项即可，如"您好！我叫刘芳。"它适合于一些公共场合和一般性的社交场合，如途中邂逅、宴会现场、舞会、通电话时，它的对象主要是一般接触的交往人。

（2）工作式的自我介绍

工作式的自我介绍的内容，包括本人姓名、供职的单位以及部门、担负职务或从事的具体工作等。例如，"我叫潘杰，是凤凰传媒公司的公关部经理。"

（3）交流式的自我介绍

也叫社交式自我介绍或沟通式自我介绍，是一种刻意寻求交往对象进一步交流的沟通，希望对方认识自己、了解自己、与自己建立联系的自我介绍。适用于在社交活动中，大体包括本人的姓名、工作、籍贯、学历、兴趣以及与交往对象的某些熟人的关系等。如"我的名字叫王光，是大视野公司副总裁，10年前，我和您先生是大学同学"。

（4）礼仪式的自我介绍

这是一种表示对交往对象友好、敬意的自我介绍，适用于讲座、报告、演出、庆典、仪式等正规的场合。自我介绍的内容包括姓名、单位、职务等项，自我介绍时，还应多加入一些适当的谦辞、敬语，以示自己尊敬交往对象。如"女士们、先生们，大家好！我叫周翔，是鹤宇天下文化公司的部门经理。值此之际，谨代表本公司热烈欢迎各位来宾莅临指导，谢谢大家的支持。"

2. 注意时间

进行自我介绍一定要力求简洁，尽可能地节省时间。通常以半分钟左右为佳，如无特殊情况最好不要长于一分钟。为了提高效率，在作自我介绍的同时，可利用名片、介绍信等资料加以辅助。

3. 讲究态度

进行自我介绍，态度一定要自然、友善、亲切、随和。应落落大方、彬彬有礼。既不能虚张声势，又不能轻浮夸张。进行自我介绍要实事求是，真实可信，不可自吹自擂，夸大其词。语气要自然，语速要正常，语音要清晰。

4. 注意方法

进行自我介绍，应先向对方点头致意，得到回应后再向对方介绍自己。

如果有介绍人在场，自我介绍则被视为是不礼貌的。应善于用眼神表达自己的友善，表达关心以及对沟通的渴望。如果你想认识某人，最好预先获得一些有关他的资料或情况，诸如性格、特长及兴趣爱好。这样在自我介绍后，便很容易融洽交谈。在获得对方的姓名之后，不妨口头加重语气重复一次，因为每个人最乐意听到自己的名字。

5. 注意时机

当你与陌生人初次见面时，必须及时、简要、明确地做自我介绍，让对方尽快了解你。相反，见面时相互凝视半天，你仍沉默或前言不搭后语，对方会很不愉快，甚至会产生许多疑问，使之不愿意与你交往。当然，若对方正与他人交谈，或大家的精力正集中在某人某事上，则不宜做自我介绍。而对方一人独处时进行自我介绍，则会产生良好效果。

消除陌生感，说话要有亲和力

亲和力是人与人之间信息沟通、情感交流的一种能力。它一方面表现为主动控制人际交往，另一方面表现为被其他人所认可。有亲和力的人身上散发出一种独特的力量，迫使我们不得不去喜欢他。那神秘的力量便是亲和力，我们就是被这种力量给影响了。

在人际交往中，亲和力具有很好的人际吸引力。让人感到亲切，会缩短你与别人之间的心理距离。如果你是一个让人感到亲切的人，交谈时，别人情感的大门会主动向你敞开；劝说时，别人心中的疙瘩会自动解开；求助时，别人热情的双手会真诚伸向你……可以说，说话富有亲切感，会增加人格魅力。

玛丽女士是一家化妆品公司的老总，她最不能接受的事就是凯迪拉克轿车的推销员开着福特轿车四处游说，人寿保险公司的经理自己不参加保险。所以，她要求公司的所有职员都要用自己公司生产的化妆品。

有一次，她发现刘菲正在使用另外一家公司生产的粉盒及唇膏，刘菲吓得赶紧收了起来。玛丽女士走到刘菲桌旁，微笑地说道："老天爷，你在干吗？你不会是在公司里使用别的公司的产品吧？"她的口气十分轻松，脸上洋溢着微笑。刘菲的脸微微地红了，不敢吱声，心想这下该挨批了，但是，玛丽女士并没有发火，什么都没说就走开了。

第二天，玛丽女士送给刘菲一套公司的化妆及护肤产品并对她说："如果在使用过程中觉得有什么不适，欢迎你及时地告诉我。"后来，公司所有的员工都有了一整套本公司生产的适合自己的化妆品和护肤品。玛丽女士亲自做了详细的示范。她还告诉员工，以后员工在购买公司的化妆品时可以打折。

玛丽女士亲和的态度，友善的口语表达，自然地使她与员工打成一片，成功地灌输了她正确的经营理念。

亲和力是获得事业发展必不可少的重要条件，是建立友谊、发展友谊的持久动力。一个人之所以表现出很强的亲和力，是因为他对自己、对别人具有很强的理解能力。"知人者智，自知者明"，知人固然不易，然而知己更难。在古希腊戴尔菲神庙的铭文上写着"认识你自己"几个大字，这表明一个亲和力强的人对人对己都有很强的理解力和洞察力。他能够知道自己是一个怎样的人，知道自己的优点和缺点，对自己既不夸大也不妄自菲薄。同时，他对别人能够体察入微，认识到每个人都会有自己的个性、爱好和禁忌，在与人交往时，不把别人看得过于高大，以致使自己害怕，同时又能尊重别人。

帕尔梅首相在瑞典是十分受人尊敬并且十分有亲和力的领导人。他虽贵为政府首脑，但仍住在平民公寓里，生活简朴、平易近人，与平民百姓毫无二致。帕尔梅的信条是：我是人民的一员。

帕尔梅从家到首相府，每天都坚持步行，在这一刻钟左右的时间里，他不时同路上的行人打招呼，有时甚至与同路人闲聊几句。帕尔梅一家经常到法罗岛去度假，和那里的居民建立了亲密的友谊，那里的人都将他看作亲人。

帕尔梅喜欢独自微服私访，去学校、商店、厂矿等地，找学生、店员、工人谈话，了解情况，听取意见。他从没有首相的架子，谈吐文雅、态度诚恳，也从不搞前呼后拥的威严场面。

帕尔梅同许多普通人通过信件建立了友谊。他在位时平均每年收到15万封来信；其中三分之一来自国外，为此他专门雇用了4名工作人员及时拆阅、处理和答复，做到来者皆阅，来者均复。对于助手起草的回信，他要亲自过目，然后才能签发。这一切都使他在人民心目中的形象日益高大。在瑞典人民的心目中，帕尔梅是首相，又是平民；是领导人，又是兄弟朋友，他是人们心目中的偶像。

良好的亲和力可以拉近人与人之间的心理距离，令你收获意想不到的结果。亲和力强的人具有与人为善的心态。他不把人假定成丑恶的、讨厌的、难缠的，他假定人是善良的、有趣的、讲理的。这样，在与人交往时，他就会采取一种主动、友善、亲和的说话方式，在他的感染下，对方也会采取相同的态度，双方的交往就会感到愉快和轻松。

亲和力是亲切、友善、易于被别人接受的一种力量，就如同美好的事物令人无法拒绝一样，它让与你交往的人感觉到快乐。只要说话有亲和力，就会赢得许多朋友，就会在人生的道路上一帆风顺。

一家工厂面向社会招聘厂长，其中一位40多岁的女士获得了大家的一致好评，最后胜出。面试情景是这样的：

问："你是个外行，靠什么治厂，怎样调动起大家的积极性？"

答："论管理企业我并不认为自己是外行，何况我们厂还有那么多懂管理的干部和技术高超的老工人，有许多朝气蓬勃、勇于上进的年轻人。我上任后，会把老师傅请回来，把年轻人的工作、学习和生活安排好，让每个人都干得有劲，玩得舒畅，把工厂当成自己的家。"

问："咱们厂不景气，去年一年没发奖金，我要求调走，你上任后能放我走吗？"

答："你要求调走是因为工厂办得不好，如果把工厂办好了，我相信你就不走了。如果你选我当厂长，我先请你留下看半年有无起色再说。"

话音刚落，全场立即掌声四起。

问："现在正讨论机构和人员精简，你来了以后要减多少人？"

答："调整干部结构是大势所趋，现在科室的干部人数较多，原因是事少，如果事情多了，人手就不够了。我来以后，第一目标不是减人，而是扩大业务、发展事业……"

问："我是一名女工，现在怀孕7个多月了，还让我在车间里站着干活，你说这合理吗？"

答："我也是女人，也怀孕生过孩子，知道哪个合理哪个不合理，合理的要坚持，不合理的一定改正。"

女工们立即活跃了起来。有的激动地说："我们大多是女工，真需要一位体贴、关心我们疾苦的厂长啊！"

亲和力是人与人之间信息沟通、情感交流的一种能力。它能够方便与陌生人之间的沟通和交流，人都是有感情的，陌生人当然也不例外，感情的沟通和交流能够让人和陌生人之间建立一座信任的桥梁。信任的建立将会有效消除交流的障碍。

人们都愿意和有亲和力的人交往。如果某个人在与人交往中表现出傲慢、冷漠、拒人于千里之外，那么会使别人感到不快、别扭、受到侮辱，因而不愿意和他交往；如果某个人在和他人交往时表现出害羞、胆怯、缩手缩脚，那么，别人和他打交道时也会觉得不那么舒服，虽然不会引起别人的厌恶，但也影响人际交往的质量，使双方无法达到心灵的共鸣。如果一个人说话有很强的亲和力，那他与人交往时就容易沟通，容易获得友谊。

有亲和力不但能帮你润滑身边的人际关系，让你获得更多友情，感受到人与人之间的关爱和温暖，还能让你经常保持愉快的心情，储存更多的人力资源。

拉近彼此距离，掌握与陌生人说话的诀窍

日常社交中，我们常常需要结交一些陌生朋友，而陌生人并不是我们熟识的朋友，想要与他们拉近距离，谈话的时候，就需要一定的技巧。在各种场合，遇到形形色色的陌生人，你们彼此不知道对方的爱好、脾性，要想迅速打破对方的防范心理和对陌生人的抵御机制，这绝非易事。

一个星期前，公司招聘来一美女，正好坐在了吴刚的对面，这让这个单身的小伙子动了追求她的念头。

不过对方是个冰山美人，完全没有注意吴刚，一个礼拜过去了，还是没有任何进展，彼此之间说话也停留在"早""再见""谢谢"等礼貌用语上。

一次休息时间，吴刚去饮水机倒水回来，经过美女位子的时候往她的电脑上瞄了一眼，发现美女正在逛郭德纲贴吧。吴刚心中暗喜，这下终于"有机可乘"了，于是说："哟，原来你是女'纲丝'啊？"

"是啊，不会你也是'纲丝'吧？"

"不错，我可是资深'纲丝'了……"

于是吴刚与梦寐以求的美女同事闲聊起来，更让吴刚惊喜的是，因为这次闲聊还拉近了他俩的关系。

相信每个人都有这样的感受，一次愉快的闲聊可以让我们对对方产生好感，改变以往陌生的关系，从而拉近双方的心理距离，甚至还能促进更深层次的交往。一个沟通高手往往就是这样一个人，他能从细微处观察到我们的兴趣爱好，然后与我们进行有针对性的闲聊，从而营造出轻松、友好的谈话氛围，而闲谈之后，要是对方有什么请求，或者业务上的来往，我们也乐于接受，这就是闲聊的魔力，可以拉近原本两颗陌生的心灵。

所以，千万不要小觑这看似可有可无的闲聊，它可是一次社交必不可少的活动催化剂，甚至关系到与人们社交的成败。与人交往，想要攻其心，想要拉近距离，不妨从闲聊开始。具体来说要把握以下几点：

1. 抓住对方的年龄、性别特征

初次见面的人，如果能用心了解对方的兴趣爱好，根据年龄、性别特征来确定话题，就会使对方非常感兴趣。它能拉近双方的距离，而且能加深对方对你的好感。例如，和中老年人谈健康长寿，和少妇谈孩子和减肥以及谈大家共同关心的宠物等，即使自己不太了解的人，也可以谈谈新闻、书籍等话题，这都能在短时间内给对方留下深刻印象，如"最近新出了一种减肥茶，您试过吗？""您每天都做什么健身运动？"等。

2. 从日常话题说起

著名作家丁·马菲说过："尽量不说意义深远及新奇的话语，而以身旁的琐事为话题作开端，是促进人际关系成功的钥匙。"一些日常生活中的话题比较容易引起共鸣。比如，当你知道了对方的出生地后，就可以说："那个地方我曾经去过。"这样一来，对方马上就可能产生一种亲切感，你与他在心理上的距离也会大大缩短。

3. 引导对方谈得意之事

任何人都有自鸣得意的事情。但是，再得意、再自傲的事情，如果没有他人的询问，自己说起来也无兴致。因此，你若能恰到好处地提出一些问题，定能使他心喜，并敞开心扉畅所欲言，你与他的关系也会融洽起来。

4. 寻找与对方的共同点

任何人都有这样一种心理特征，比如，同一故乡或同一母校的人，往往不知不觉地因同伴意识、同族意识而亲密地联结在一起，同乡会、校友会的产生正是因此。若是女性，也常因血型、爱好相同产生共鸣。如果你想得到对方的好感，利用此种方法，找出与对方拥有的某种共同点，即使是初次见面，无形之中也会涌起亲切感。一旦拉近了心理的距离，双方很容易做到推心置腹。

5. 流露关注之情

表现出自己关心对方，必然能赢得对方的好感。在招待他人或是主动邀请他人见面时，事先应该多收集一些对方的资料。这不仅是一种礼貌，而且可以满足他人的自尊，使对方感受到你的诚意和热忱。另外，记住对方说过的话，事后再提出来当话题，也是表示关心的做法之一，尤其是兴趣、嗜好、梦想等，对对方来说是最重要、最有趣的事情，一旦提出来做话题，对方一定觉得很愉快。

引起对方的共鸣，更利于沟通

　　人与人之间，本来有许多地方是相同的。如果两个人情趣相投，沟通起来自然也就容易得多。但是要使对方产生共鸣，就要注意说话技巧。

　　伽利略年轻时就立下雄心壮志，要在科学研究方面有所成就，他希望得到父亲的支持和帮助。

　　一天，他对父亲说："父亲，我想问您一件事，是什么促成了您同母亲的婚事？"

　　"我爱她。"

　　伽利略又问："那您结婚之前有没有想过娶别的女人？"

　　"没有，孩子。家里的人要我娶一位富有的女士，可我只钟情你的母亲，她从前可是一位风姿绰约的姑娘。"

　　伽利略说："您说得一点也没错，她现在风韵犹存，您不曾想过娶别的女人，因为您爱的是她。您知道，我现在也面临着同样的处境。除了科学研究以外，我不可能选择别的职业，因为我喜爱的正是科学。别的对我而言毫无用途也毫无吸引力！您难道要我去追求财富、追求荣誉？科学是我唯一的需要，我对它的爱有如对一位美貌女子的倾慕。"

　　父亲说："像倾慕女子那样？你怎么会这样说呢？"

　　伽利略说："一点也没错，亲爱的父亲，我已经18岁了。别的学生，哪怕是最穷的学生，都已想到自己的婚事，可是我从没想过那方面的事。我不曾与人相爱，我想今后也不会。别的人都想寻求一位标致的姑娘作为终身伴侣，而我只愿与科学为伴。就像您爱我们的母亲一样，我也热爱着科学。"

父亲听了后，若有所思地说："孩子，我能理解这种爱，放手去做吧！"

伽利略最终说服了父亲，他实现了自己的理想，成为一位闻名遐迩的科学家。

上例中，伽利略就是采用了心理共鸣的方法达到了说服的目的。不论多么复杂的事情，只要找到双方的共同点，能产生共识，沟通就更顺畅。

因为不论任何人，一旦和对方之间产生了共识，那么即使是初次见面也可以消除紧张感，并因此形成亲切感。

杨华是位年轻女性，她攻读硕士学位的时候就潜心研究老人的需求，但她很快发现许多老年人不愿谈及自己生活中遇到的困难。每当与老年人交谈，她得到的答复都是："我很好，不用为我担心。"她知道，他们是害怕如果子女们知道他们不能自己吃饭、洗澡的事，他们就会被送进养老院。

杨华正愁无法接近这些老年人时，在一次聚会上，她偶尔与一位化妆师交谈，忽然有了主意：把自己扮成老妇！于是，她装扮成一个面容憔悴、行动迟缓的老太太。为了真正了解老年人的实际情况和需要，她不辞辛苦地花了两年时间，走访了116个城市，接触了无数位老人，几乎所有的老人都能坦率地对她谈论生活中遇到的大大小小的困难——她终于达到了目的。

　　一般情况下，我们用不着像杨华扮老妇那般煞费苦心，但是需要这种积极求同的意识。若两人可以产生共鸣，常常是两三句话就会消除陌生感。

　　沟通顺畅的关键所在就是找出共同点，引起共鸣。我们只有尽量寻找双方的相同之处，使对方感觉你和他利害相同、处境相同，才能沟通无阻。

第四章　言语定律，
利用心理策略让言语更具威力

自己人效应：自己人的感觉更容易拉近双方距离

自己人效应，指的是在人际沟通过程中，人们常常会因相互之间存在某种共同点或者相似之处，而感到彼此更易接近，而这种彼此接近，一般又会让交往对象萌生亲切感，并互相体谅。例如，同样一个观点，如果是自己喜欢的人说的，接受起来就比较快和容易。如果是自己讨厌的人说的，就可能本能地加以抵制。有道是："是自己人，什么都好说；不是自己人，一切按规矩来。"

在人际交往与认知中，人们常常存在一种倾向，也就是对自己比较亲近的对象会更乐意接近。所以，在其他条件大致相同的情况下，自己人之间的交往效果要比一般人的好。这是因为，在自己人之间的交往过程中，人们对交往对象属于自己人的这一认识本身大都会形成一种肯定式的心理定式，从而对交往对象表现得更加友好。而在这种特定的情境中，人们更易发现与确认对方值得自己肯定与引起自己好感的事实。反过来，这一切又会进一步巩固并深化自己对对方原有的积极性评价。在此心理定式的作用下，自己人之间的相互交往和认知必定在其深度、广度、动机和效果上超过一般人之间的交往和认知。

英国首相丘吉尔在第二次世界大战期间对美国做圣诞演说时曾这样讲道：我今天虽然远离家庭和祖国，在这里过节，但我一点也没有异乡的感觉。我不知道，这是由于本人的母亲血统和你们相同，还是由于本人多年来在此所获得的友谊……在美国的中心和最高权力的所在地，我根本不觉得自己是个外来者，我们的人民讲着共同的语言，有着同样的宗教信仰，还在很大程度上追求着同样的理想。我所能感觉到的是一种和谐的兄弟间亲密无间的气氛。

在著名心理学专家纳季拉什维利看来，听众对宣传者的肯定态度对强化宣传效果有着十分重要的作用。听众要是对宣传者持反感态度，就会削弱宣传效果。根据新闻传播学里的受众心理理论，人们在接受信息的过程中，倘若受众觉得传播者在很多方面和自己具有相似或者相同的地方，便会将他在心理上定位为自己人。

丘吉尔从友谊、情感等角度导出了"我们""本人的母亲血统和你们相同""一种和谐的兄弟间亲密无间的气氛"，这样的演讲就产生了异乎寻常的"自己人效应"，引起了听众强烈的共鸣，演讲获得极大的成功，他的这次演说也成了千古绝唱。

在人际交往中，如果你想做一个说服高手，就要善于运用"自己人效应"。运用"自己人效应"，从自己这个角度而言，就是要使交往的对方确认你是他的"自己人"。林肯曾经讲过：一滴蜜比一加仑胆汁能够捕到更多的苍蝇，人心也是如此。假如你要别人同意你的原则，就应先使他相信你是他的忠实朋友，即"自己人"。用一滴蜜去赢得他的心，你就能使他走在"自己人"的大道上。因此，要想让对方接受你的观点，前提是你要把对方当作自己人，让对方感觉你是在为他着想，从而让对方把你也当作自己人。此外，你还要设法套个近乎，使双方处于平等地位，缩短心理差距，让双方都处在自己人的情境之中。最重要的是，还要强调双方的一致性，让对方感觉你是"自己人"，这样一来，你提出的建议才会更易于被对方接受。

一天，6岁的欢欢在客厅里玩时，不小心把一只刚买不久的花瓶打碎了。妈妈刚想对他发火，但看到欢欢吓坏的样子，不但没有发脾气，还安慰孩子："没关系，妈妈小时候也有不小心打碎东西的时候。不过下次你一定要小心一点儿。"听妈妈这样说，欢欢的表情由惊恐变为惊奇，最后竟然哭着扑到妈妈怀里。

这件事情过去了很多天，妈妈带欢欢出去玩，出门后妈妈问欢欢："你想吃什么零食？妈妈去给你买。"欢欢的回答让妈妈感动了很久，他说："妈妈，我什么零食也不想吃，你就把买零食的钱攒着买个新的花瓶，好吗？"

这时，妈妈暗自庆幸，庆幸孩子打碎花瓶的那一天她没有冲孩子发脾气，并且运用了正确的教育方式。

在上述案例中的那位家长看到孩子把花瓶打碎，不但没有惩罚孩子，还去安慰孩子。其实，这位妈妈运用的就是"自己人效应"，即用自己小时候的相同经历，把孩子与自己视为一体，缩短了与孩子之间的心理距离，使孩子把家长当作"自己人"。这样孩子很容易就会接受家长的教育了。所以当我们向对方提出自己的观点或要求时，必须要让对方相信，你是自己人，让对方认为你是站在他这边的，你是真心为他着想的。这样，双方的心理距离拉近后，对方就会消除戒备，从而更容易接受你的观点和看法，甚至向你提供帮助，这也自然地达到了说服的目的。

在日常生活中，运用"自己人效应"可以使人们的沟通更加顺畅。管理心理学中有句名言："如果你想要人们相信你是对的，并按照你的意见行事，那首先就需要人们喜欢你，否则，你的尝试就会失败。"所以，说服别人按照你的建议去做，只是向人们提出好建议是远远不够的，还要强化和发

第四章　言语定律，利用心理策略让言语更具威力

挥"自己人效应"，让人们喜欢你，避免好的建议遭到拒绝，从而达到说服的目的。

南风法则：温暖胜于严寒，引导胜于压迫

法国作家拉·封丹写过一则寓言：

北风和南风比威力，看谁能让行人把身上的大衣脱掉。北风首先来了个寒风刺骨，结果行人把大衣裹得紧紧的 。南风则徐徐吹动，顿时风和日丽，行人春意上身，纷纷解开纽扣，继而脱掉大衣。于是南风获得了胜利。

这个故事也称为"南风法则"。"南风法则"给人们的启示是：在处理人与人之间的关系时，要特别注意讲究方法。它说明了一个道理：温暖胜于严寒。

与人交流也是如此。生活中，有的人总是习惯于用严厉的语言来改变别人的想法。因为他认为这样更能体现自己的强大，更能迫使别人就范。虽然最终别人妥协了，但在付出了很大代价之后，得到的反而是更多的反对、抱怨和消极应付。实际上，比严厉更有力的武器是爱、关心和尊重，也就是让他人感到温暖。因此，我们在与人打交道或者办事情的时候，用好的态度、温和的方式比用高傲、生硬的方式更容易提高办事效率。在与人相处时，用友善体贴的说话方式会比强悍冷漠的说话方法更易俘获他人的心。

领导者尤其应该掌握这条"南风法则"。因为每位员工都希望得到领导的重视和肯定，领导多对员工说一些暖心的话，不仅能培养员工对公司的深厚感情和忠诚度，而且还能增加员工的自信心，由此激发员工的工作热情。这样员工便会"投之以桃，报之以李"，为公司做出更多更大的贡献。

　　某单位新来一名大学生，总是独来独往，终日不见一丝笑容，不主动跟人说话，显得架子挺大。同事们都有意疏远他。而那位大学毕业生却依然如故，我行我素。这一切都被科长看在眼里。作为一名富有经验的领导，这位科长凭直觉认为这位新同事心里肯定有难言之隐。基于此种判断，科长便处处留意观察，并利用一切机会接近他。每天上班时，科长总是热情与他打招呼，每次下班，科长也不忘问他一句："怎么样，晚上有什么活动？"

　　日子一天天过去，这位科长锲而不舍的行动终于融化了那位新同事，他向科长吐露了自己的苦衷：他刚失恋，在痛苦中不能自拔。听完他的倾诉，老科长语重心长地开导他说："生活并没有对你不公，关键是你没有战胜自己的不良心态，失恋对你来说固然是个打击，但一切都可以从头开始呀。你难道要一辈子躺在这个阴影下面不出来吗？你可以不善待你自己，但你应该善待别人，尤其是你的同事，为什么要把你的不快带给别人呢？"经过科长一番耐心而热情的开导，那位大学毕业生终于茅塞顿开，从此解开了缠绕在心头的疙瘩，以崭新的精神面貌投入工作中，和同事友好相处。

　　想要征服对方的心，少不了富含爱心的微笑和充满暖意的语言。只要做到这些，我们就能真正走进对方的心里，用心感动对方，从而与对方和谐相处。

俗话说："良言一句三冬暖，恶语伤人六月寒。"在人际交往中，关心、爱护、尊重、赞美的语言会给你带来意想不到的收获。

比林定律：学会说"不"

生活中，总有很多人常常因为不知道如何拒绝对方而让自己陷入麻烦之中。与其为难自己，不如学会说"不"。那样，你的生活将会更加美好。

一生中的麻烦有一半是因为太快说"是"或者太慢说"不"造成的。这是由美国作家比林提出的，因此被称为比林定律。这个定律告诉我们：在说话时，既不能过于急躁地回答，也不要长时间地犹豫不决，而是要认真思考，果断地说出自己的想法，该说"不"绝不说"是"。

肖强是经理助理，公司一般有什么活动或者聚会，经理都会叫上他一起参加。但时间一长，肖强就觉得自己的下班时间都被各式各样的应酬填满了，而且妻子也常常抱怨他。肖强很想拒绝经理，但每次都不好意思说出口或是怕经理会感到不满。

其实，在生活中我们经常会碰到类似的情况，当面对别人提出的一些请求时，我们不是在匆忙中草率地做出决定，就是碍于面子不好意思拒绝对方。如果经常如此的话，不仅会打乱自己正常的计划，让自己的生活陷入被动的局面，还会让本来应该对自己大有助益的人际交往，成为自己的累赘。

不懂拒绝，你就会处于被动，被人牵着鼻子走。因此在必要的时候，我们要勇敢地对别人说"不"。

那么，我们该如何拒绝别人呢？首先，我们不要怕得罪人，只要是维护自己正当的权益，我们就有权利说"不"。当然，说"不"并不是让你冷冰冰地拒绝对方，在拒绝时也要讲究一定的技巧。下面介绍几种拒绝的方式：

1. 幽默拒绝

罗斯福未当选美国总统时，曾在海军部队担任要职。一天，一位好友由于好奇向罗斯福问起海军在加勒比海一个小岛上建设基地的情况。罗斯福神秘地向四周看了看，对着朋友耳朵小声说："你能保密吗？""当然能。"朋友回答。"我也能。"罗斯福一边说，一边对朋友做了个鬼脸，接着两人大笑起来。

可见，以幽默的方式说"不"，紧张的气氛会马上轻松下来，彼此都会感觉不到有压力。

2. 假托直言

直言是对人信任的表现，也是双方关系密切的标志。但是多数情况下直言因逆耳而不能收到预期的效果。在这种情况下，要拒绝、制止或反对对方的某些要求、行为时，可采取假托以非个人的原因作为借口从而加以拒绝，这样对方就容易接受。

某造纸厂的推销员上某单位推销纸张。推销员与该总务处处长是老熟人，于是推销员找到这个单位的总务处处长，恳求他订货。总务处长彬彬有礼地说："实在对不起，我们单位已同某国营造纸厂签了长期购买合同，单位规定不再向其他任何单位购买纸张了，我也是按照规定办事。"

因为总务处处长讲的是任何单位，就不仅仅针对这个造纸厂了。这样的拒绝推销员更易接受。

3. 主动透露实情

拒绝他人是一件很困难的事情，但有时，我们又不得不去学会拒绝他人的某些请求。当你对他人的要求不乐意接受或感觉力不从心的时候，你可以采用主动透露实情的办法，让对方体会到你的难处，进而放弃自己的请求，以达到拒绝对方的目的。

在拒绝对方的某些要求或请求时，我们需要开诚布公，主动透露实情。如果你不敢明确说出事实，表明态度，而是采取模棱两可的说法，对方就可能摸不清你的真正意思，会产生许多不必要的误会，这就容易导致彼此关系的破裂。相反，如果你表明立场，主动说出实情，对方就会明白你的用意。特别是当你的上级领导要求你去做某些事，而你又不想做的时候，你可以如实相告，这样一来，他也会理解你的难处，进而取消对你的要求。

4. 以他人为借口

以他人为借口拒绝别人时，只要将眼前难办的事推脱掉而又不驳别人的面子，就达到了目的。

小王在电器商场工作。一天，他的一位朋友来买彩电。看遍店里陈列的样品，他还没有找到令自己十分满意的那种。最后，他要求小王领他到仓库里去看看。小王面对朋友，说不出"不"字。于是，他笑着说："前几天，我们经理刚规定过，不准任何顾客进仓库。"尽管小王的朋友心中有些不悦，但毕竟比直接听到"不行"的回答要好多了。

5.旁逸斜出

对对方提出的问题给予回避性的回答，而不直接否定对方提出的不合己意的问题。例如：你的同学问你"某某小说写得很不错，你认为怎样？"你可以这样回答："还可以，不过我更喜欢某作家的某一本小说。"

再如，星期天你的妻子说："今天我们去看话剧好吗？"而你不愿去，可以说："去看电影怎么样？"这种回答不会引起对方的反感，对方可能会同意你的意见。

6.模糊拒绝

外交官们在遇到他们不想回答或不愿回答的问题时，总是用一句话来搪塞："无可奉告。"生活中，当我们暂时无法回答是与不是时，也可用这句话。还有一些话可以用来搪塞，如："天知道。""事实会告诉你的。""这个嘛……难说。"等。

学会委婉的拒绝，恰当地说"不"并不是一件难事。只要理解了上面的几种方法，用最理想的方式表达出来，并把它融入实际生活中，一定会对人际交往有所助益。

权威效应定律：人微言轻，人贵言重

权威效应，又称为"权威暗示效应"，是指一个人要是地位高，有威信，受人敬重，那他所说的话及所做的事就容易引起别人重视，并让他们相信其正确性，即"人微言轻，人贵言重"。权威效应之所以普遍存在，首先是由于人们有安全心理，即人们总认为权威人物往往是正确的楷模，服从他们会使自己具备安全感，增加不会出错的保险系数；其次是由于人们有赞许心理，即人们总认为权威人物的要求往往和社会规范相一致，按照权威人物的要求去做，会得到各方面的赞许和奖励。

心理学家曾做过这样一个实验，充分证明了权威效应的存在。心理学教授在给一所大学心理学系的学生上课时，向学生介绍一位从外校请来的俄语教师，说这位俄语教师是从俄罗斯来的著名化学家。在试验中，这位"化学家"像煞有介事地拿出了一个装有蒸馏水的瓶子，说这是他新发现的一种化学物质，有些气味，请在座的学生闻到气味时就举手，结果大多数学生都举起了手。对于本来没有气味的蒸馏水，由于这位"权威"的"化学家"的语言暗示，使多数学生都认为它有气味。

这正是权威效应的奥妙所在。有人群的地方总会有权威，人们对权威普遍怀有尊崇之情，人们对权威的深信不疑和无条件遵从，会使权威形成一种强大的影响力，利用这种权威效应则可以在很大程度上影响和改变人们的行为。

某出版社因业务扩张需要招聘一位优秀的编辑。经过千挑万选后，有3个人进入了最后的面试。这3个人的编辑技能不分上下，都是主编需要的人才。但名额只有1个，这让负责招聘的人员非常为难，不知选谁好，于是，招聘人员让这3个人先回去，等候通知，决定录用谁他们就给谁打电话。

在这3个人中，有个名叫刘平的小伙子，他心想，与其坐以待毙，不如主动出击。等其他两个人走后，他恭恭敬敬地递给招聘人员一本书，说："这是我以前的作品，请斧正。"看到刘平如此恭敬，招聘人员不好意思拒绝，于是接过这本书准备随便翻翻。当招聘人员翻开第一页时，他们吃惊地发现，这本书的序言居然是某著名作家写的，便问刘平和那位作家是什么关系。刘平用平淡的语气说是他的伯父。招聘人员听后，立即说："恭喜你成为我们出版社的一员。"

刘平借助这位作家的名气，帮助自己应聘成功。

权威本身就意味着力量，借用权威的力量可以让别人信服你。在人际交往中，我们可以巧妙地利用权威效应来影响他人，让人刮目相看，给他人以心的震撼，让人敬仰、信服，进而接受你、赞同你，改变自己的态度和行为来接受你的暗示和建议，从而达到引导或改变对方的态度和行为的目的。

举世闻名的航海家麦哲伦正是因为得到了西班牙国王的大力支持，才完成了环球航行的壮举，从而证明了地球是圆的，改变了人们一直以来认为天圆地方的观念。麦哲伦是怎样说服国王赞助并支持自己的航海事业的呢？原来，麦哲伦请了著名地理学家路易·帕雷伊洛和自己一起去劝说国王。

那个时候，受哥伦布航海成功的影响，很多骗子都打着航海的旗号来骗取皇室的信任，从而骗取金钱，因此国王对所谓的航海家都持怀疑态度。但和麦哲伦同行的帕雷伊洛却久负盛名，是人们公认的地理学界的权威，国王不但尊重他，而且非常信任他。

帕雷伊洛给国王历数了麦哲伦环球航海的必要性与各种好处，说服国王心悦诚服地支持麦哲伦的航海计划。正是因为相信权威的地理学家，国王才相信了麦哲伦。正是因为权威的作用，才促成了这一举世闻名的成就。

事实上，在麦哲伦的环球航行结束之后，人们发现，那时帕雷伊洛对世界地理的某些认识是不全面的，甚至是错误的，得出的某些计算结果也与事实有偏差。不过，这一切都无关紧要，国王正是因为权威效应——认为专家的观点不会错——从而阴差阳错地成就了麦哲伦环球航行的伟大成功。

看来，在劝说他人支持自己的行动与观点时，恰当地利用权威效应，不仅可以节省很多精力，还会收到非常好的效果。

权威效应是一种可以诱导他人心理的心理暗示，也是一种最常见的说服技巧。在人际交往中，适当利用权威效应，可以使人们更加支持和相信自己的行动和看法，达到引导或改变对方的态度和行为的目的。

乒乓球定律：沟通是双向的

乒乓球定律指的是交流就像打乒乓球，只有自己打出的球让对方可以接住，对方才能将球再打回来，这样一来一往才能把球打起来，起到真正交流的目的。

沟通是双向的，在与他人交流时，切记要互动，就像打乒乓球一样，在把球打出去的同时，还得能让对方打回来，这样你才算一个会说话的人。可是，在日常生活中，很多人把握不好这一定律，他们总是滔滔不绝讲自己的事情，完全忽略对方的感受，让对方陷入尴尬的境地。交流是双方的，如果只有一个人说出自己的想法，而对方却根本没有听进去，那么这样的沟通就是失败的。那怎样才能在人际交往过程中有效地与人互动呢？其实，会问问题、打开别人的话匣子，就是最好的办法。

潜能大师安东尼·罗宾说过："对成功者与不成功者最主要的判断依据是什么呢？一言以蔽之，那就是成功者善于提出好的问题，从而得到好的答案。"如果你既想让别人开口，又想让自己掌握和控制谈话，那么就要学会提问。有效的提问可以促进交谈，使双方的表达更加顺畅。一个得体恰当的问题往往能引起对方积极的回应。

提问首先应注意内容，不要问对方难于应对的问题。如超乎对方知识水平的学问、技术问题等。也不应询问人们难以启齿的隐私，以及大家都忌讳的问题等。此外，应注意提问的方式。查户口式的一问一答会让人很不舒服。提问的人应对提问方式进行设计。比如，你家中来了一位东北客人，你若这样问："你是东北人吧？""你刚到北京吧？""东北比北京冷吧？"等，对方恐怕只好一次又一次地重复"是"。这不能怪客人不健谈，而是这种笨拙的提问也至多能回答到这个程度。如果你换一个问法："这次到北京有什么新的感触？""东北现在建设得怎么样？有什么新闻？"等，这样的话，对方不但可以介绍一些你所不了解的新鲜事，还会充分叙述自己的感受而使气氛自然融洽。

如果你提的问题对方一时回答不上来，或不愿回答，不宜生硬地追问或跳跃式地乱问，要善于调换话题。如果对方仅仅是因为羞怯而不爱谈话，你就应先问点无关的事，比如问问他工作的情况或学习的情况，等紧张的气氛缓和了，再把话题拉入正轨。

有一次，一位记者去采访山区一个女劳模。在大山里土生土长的女劳模，原本就很腼腆，一见到记者后就更紧张了。还没等记者向她提问，就已经紧张得说不出话来了，还一个劲儿地往后躲。为打破僵局，记者灵机一动，转移了话题，问她："您这几年不容易，为带动乡亲吃了不少苦吧? 手都裂了好多口子。"充满人情味的提问，让女劳模感觉心里暖暖的，一下子拉近了彼此的心理距离，女劳模的羞涩劲也没了。"是呀，每一天睁眼闭眼就是想着怎样给大伙跑销路，可没少受累，哪有工夫打扮自己。"女劳模的话匣子一开，就关不住了。就这样，记者很顺利地完成了采访任务。

提问对于促进交流、获取信息、了解对方有重要的作用。掌握了提问的技巧，就能帮你打开对方的话匣子。

提问是一把万能钥匙。一个善于提问的人，不仅能掌握谈话的进程，控制谈话的方向，同时还能开启对方的心扉，拨动对方的心弦。但提问也有一些禁忌，不是什么都能问的，如果问的不好，就会给自己带来麻烦。

一家饭店刚刚招聘了一个女服务员，可她却只上了一天班就被老板辞退了。原因是她不小心问了一句不该问的话。

那天，她刚一上班，店里就进来了3位客人，她随即拿了菜单，让3位客人点餐。3个人点完菜后，其中一个人特别强调要用干净一点的杯子倒啤酒。

不一会儿，她将3位客人所点的菜端了出来，一边朝他们坐着的方向走来，一边还大声地向这3位客人问道："你们谁要用干净一点的杯子盛酒? "就凭她的这一句问话，老板当然会毫不客气地让她辞职，因为她的问话使老板脸上很无光。言外之意，就是饭店里的杯子没洗干净。

由此可见，在日常交谈中，有些方面是不宜提问的，愚蠢的问话只会引起对方失笑甚至反感，给自己带来烦恼。

提问虽然看似简单，但不同的提问方式，所得到的结果可能是大相径庭。如果你想掌握良好的提问方法，首先要考虑提什么问题，其次是如何表述问题。另外，何时提出问题也是至关重要的一点。只有把这3点有机地结合起来，并根本具体情况灵活地提出问题，提问才能恰到好处，取得满意的效果。

波特定律：批评宜曲不宜直

波特定律是指当遭受批评时，人们往往只记住开头的一些，其余就不听了，因为他们忙于思索论据来反驳开头的批评。这个定律告诉我们，再好的人也有犯错误的时候，不要总盯着他人的错误不放。如果能变责怪为激励，变惩罚为鼓舞，让其怀着感激之情接受惩罚，进而达到激励的目的，不失为一个好的办法。这一点对管理者来说尤为重要。

人非圣贤，孰能无过。在很多时候，当下属犯了错误时，领导者都会严词批评一番，有时甚至将员工骂得狗血淋头。在他们看来，似乎这样才会起到杀一做百的作用，才能体现规章制度的严肃性，才能显示出管理者的威严。其实，有的时候过于关注员工的错误，尤其是一些非根本性的错误，会大大挫伤员工的积极性和创造性，甚至产生对抗情绪，这样就会产生非常恶劣的后果。所以，在管理事务中，我们要学会宽容下属的错误。但宽容并不等于是做"好好先生"，而是设身处地地替下属着想。在批评的同时不忘肯定部下的功绩，以激励其进取心，并有效避免伤害其自尊和自信。一个懂得顾及下属面子的管理者不仅会使批评产生预期的效果，而且还能得到下属的大力拥戴。

"小赵，你到我办公室来一趟！"销售部经理"啪"的一声挂了电话，这让刚刚还在和同事有说有笑的小赵一下子心惊胆战起来，他硬着头皮走进了经理办公室。

"看看你这个月的销售业绩，怎么这么差啊？你看看人家小李，刚来两个月，业绩就做到本月第一名。你以为我能让你拿这么多的薪水，我就不能让别人拿的比你更高？再这样下去，你这个销售冠军还能保持多久？"还没等小赵开口，经理就一阵连珠炮般地轰炸，说完还把一沓厚厚的报表扔在小赵面前。

"经理，我……"小赵本想趁这个机会就此事与经理正面沟通。

"什么都不用说了，回去好好反省吧。我再给你一个月的时间，要是下个月你的业绩还不能提升，那我就要扣你的年终奖金了。好了，你先出去吧。"经理不耐烦地摆手示意欲言又止的小赵出去。

一肚子委屈的小赵无奈地走出经理办公室，回想起经理那咄咄逼人的架势，他心里十分窝火。自己从公司创业到现在一直风雨无阻、任劳任怨地开发新客户、巩固老客户，拓展了公司近30%的现有市场，客户的投诉率一直保持在全公司最低，年年被评为"优秀员工"，而这些经理好像全都忘记了。这个月小赵被经理分派到刚开发的新市场，客户数量不多，但与前期相比，现在正以10%的速度增长。再加上本月由于公司总部发货不及时，有很多客户临时取消订货单，销售额与成熟市场的销售额当然不能比，而小李是新员工，一开始就被安排到原有的老市场，客户源稳定，客户关系网坚固牢靠，加上市场形势大好，自然销售额高。小赵觉得经理只看数字，不问事实，真是太不公平了，真想辞职走人。

显然，事例中这位销售部经理的批评并没有起到积极的作用，它不但没有激发小赵的积极性，还严重损伤了他的工作热情。

批评是一个敏感的话题，哪怕是轻微的批评，都不会如赞扬那样使人感到舒畅。如果管理者态度不诚恳，或者居高临下、冷峻生硬，就会引发矛盾，让受批者产生对立情绪，使双方陷入僵局。因此，批评必须注意态度，诚恳而友好的态度就像一剂润滑剂，往往能减少摩擦，从而使批评达到预期效果。

管理者对下属提出的批评不能是随意而为的，适时适度的批评会显得温馨而易于让人接受，这不仅能让下属认识到自己的问题所在，还可以对其工作产生积极的激励作用。

有位女打字员，打字总是不注意标点符号，办公室主任非常生气，他批评了她很多次，但还是一点作用也没有。有一天，主任看到女打字员穿了件新衣服，就对她说："你今天穿了这样一套漂亮的衣服，更显示了你的美丽大方。"女打字员忽然听到主任对她这样赞美，受宠若惊。主任接着说："特别是你这排纽扣，点缀得恰到好处。因此我要对你说，文章中的标点符号，和你衣服上的扣子是一样的，因为有了它，文章才能够表达得更漂亮或者说更加清楚。"从那以后，这位女打字员改正了她的毛病，很少出现以前的错误了。

人往往喜欢被别人赞许与肯定，而不喜欢受到责备与批评，这是人的本性。人对批评都有一种本能的抵触心理，人们总是喜欢为自己的行为辩解，尤其是一个人在工作中已付出很大努力时，对批评就更敏感，也更喜欢为自己辩解。而采用先赞美后批评的方法，让批评者在诚恳而客观的赞扬之后再进行批评时，他们会因为赞扬首因效应的作用，而觉得批评不那么刺耳。

在使用先赞美后批评的方法时，先要肯定下属，最好针对他的实际情况进行整体的赞许，然后，抓住一个细节进行放大，也就是将下属的优点放大，让下属感觉到你在时时刻刻地关心着他，同时自身的价值也得到了你的肯定。接着就渐渐引入重点内容，指正下属的缺点或不足。在此之前你应该替下属辩解，让其知道你在任何时候都是站在他的角度上。最后，给予下属勉励和期盼，让其信心十足地投入以后的工作中，并根据你的引导积极改正缺点。

人本性上都是不愿受到指责、批评的，不管你说得对不对，都可能让人不舒服，但是批评时如果注意方式方法，就能让人更易于接受。

第五章 魅力十足，
让你"听起来"与众不同

幽默是金，会使用幽默的人更受欢迎

在交谈的过程中，想要拉近彼此的距离，幽默感无疑是一种好的办法。在社交场合，风趣幽默的说话方式，往往更能体现出一个人的礼仪与修养，同时也能彰显出他的个人魅力。

幽默的特点就是令人发笑，使人快乐、欣悦和愉快。把这一特点运用到社交生活中，会取得令人叹为观止的效果。

一次，美国总统里根在白宫讲话时，夫人南希不小心连人带椅翻倒在地毯上。正讲话的里根看到夫人并没有受伤，便插入一句说道："亲爱的，我告诉过你，只有在我没有获得掌声的时候，你才应这样表演。"台下顿时响起了一片热烈的掌声。

这本来是一件令里根很尴尬的事情，但在这时埋怨或者置之不理都会令人不快——不光是台下的人不快，也包括台上的人。里根在关键时刻，运用幽默化险为夷，出奇制胜地获得了极佳的效果，显露出他的机智、豁达，更拉近了和听众的距离。

幽默是社交活动的必备品，是活跃社交场合气氛的最佳调料。它能增添人们的欢乐，轻描淡写般地拂去可能飘来的一丝不快，还能巧妙得体地摆脱自己或他人面临的窘境，这就是幽默的魅力所在。

现代幽默理论认为，幽默能在参与者之间产生一种强烈的伙伴感和一致对外的团结意识。幽默能一下子拉近两个人之间的感情距离，因为一起笑的人表明他们之间已经有了共同的兴趣、爱好，这是社交成功的第一步，也是很关键的一步。

互相敌视的两个人，相逢一笑泯恩仇，因幽默而化敌为友，这种事例举不胜举。真正聪明的人总是依靠幽默使社交变得更顺利、更富人情味。

有一天，萧伯纳在街上被一个骑自行车的冒失鬼撞倒在地，他爬了起来，看到自己并没有受伤，只是衣服被刮破了一点儿。骑车的人看到这个情形也松了一口气，但还是急忙道歉。萧伯纳充满惋惜地说："先生，你的运气不佳，如果你这次不小心把我撞死了，那么你就可以名扬四海了！"

还有一次，萧伯纳因脊椎病去医院检查。医生说："我想到了一个办法可以根治你的脊椎病，可以从你身上其他部位取下一块骨头来代替那块坏了的脊椎骨，这样就不用那么麻烦地吃药了。只需要一个手术而已，但是这个手术对我们而言是一个巨大的挑战，因为这种手术我们从来没有尝试过，所以相对而言有些难度，而且手术的过程中你也要承受巨大的痛苦。因为这个手术史无前例，所以在收费上我们也要高点儿，不会等同于一般的手术。"

萧伯纳听了医生的介绍后，淡淡地一笑说："好呀！不过请告诉我，你们打算付给我多少手术试验费？"

一个很棘手的问题被萧伯纳的一句话极其巧妙地处理了，避免了不愉快的争执。这就是幽默所带来的效果。幽默是交际场合的润滑剂，不但能给别人一个台阶，而且还会显示出自己的大度。

幽默与智慧同行，交际场合中具有幽默感的人会让人感觉聪明灵活，会给人留下深刻的印象。现实生活中，懂得运用幽默的人往往会更有魅力，同时也能让复杂棘手的事情迎刃而解。

如果你希望有所成就，希望引人注目，希望社交成功，希望在现代生活中立于成功不败之地，那么，你就应该学会和别人来点幽默。

有位哲人说过："幽默是我们最亲爱的伙伴。我们的生活需要幽默，我们的人生需要幽默，一个健全的社会更不能没有幽默。没有了幽默，生活将会变得单调而缺乏色彩，岁月将会变得枯寂、干涸。幽默给予我们的是源源不断的甘泉，它滋养着我们的心灵，润饰着我们的生活。幽默使我们在黑暗中看到光明，在绝境中看到希望。它是寒冬里的一盆炉火，它是窘迫时的一个笑容……幽默美妙而又神奇。"一句幽默的话语，总是在不经意间带来欢乐、化解难处。因而，人不一定非要拥有万贯家财，家中也不一定非要天天高朋满座，但却必须要有幽默的生活艺术，让心灵时时浸润在真善美的境界里，使自己的人生更加异彩纷呈。

人与人交往最重要的目的无非是想让别人接受自己。如果不能够给别人惊喜或者意外，那么想让别人记住自己恐怕很难。而幽默是打开别人心房的一把钥匙，也是交际场合的一种常用手法，懂得幽默的人必然会受到别人的欢迎。让我们成功地驾驭幽默，让生活处处充满幽默吧！

不要吝啬你的赞美之言

　　心理学家杰尔士说过一句话："人性最深切的需求就是渴望被别人赞美。"人人都需要被赞美，人人都喜欢被赞美，这是人的天性。赞美能使人得到满足感，让人精神愉悦、情绪亢奋。有时，即使明知对方讲的是赞美话，心中还是免不了会沾沾自喜，这是人性的弱点。换句话说，一个人受到别人的夸赞，绝不会觉得厌恶，除非对方说得太离谱了。

　　在这个社会上，会说赞美话的人，似乎人际关系都处理得较好。当一个人听到别人的赞美话时，心中总是非常高兴，脸上堆满笑容，口里连说："哪里，我没那么好""你真是很会讲话！"即使事后冷静地回想，明知对方所讲的是赞美话，却还是抹不去心中那份喜悦。

　　赞美之于人心，如阳光之于万物。在我们的生活中，人人需要赞美，人人喜欢赞美。这不是虚荣心的表现，而是渴求上进，寻求理解、支持与鼓励的表现。父母经常赞美孩子，家庭气氛就和睦、轻松。领导经常赞美下级，职工的积极性、创造性就会不断被激发。爱听赞美，出于人的自尊需要，是一种正常的心理需要。

　　遗憾的是，有的人吝惜赞美之言，很难赞美别人。给人以真诚的赞美，体现了对人的尊重、期望与信任。赞美有助于增进彼此间的了解，是协调人际关系的好方法。

同在一家公司工作的珍妮和苏珊素来不和，珍妮觉得苏珊总是在故意刁难自己，见了自己不是冷冰冰的，就是阴阳怪气的。这样的人，就是再聪明能干，也没人愿意理她。

有一天，珍妮忍无可忍地对另一同事保罗说："你去告诉苏珊一声，我真受不了她，请她改改她的坏脾气，否则没有人愿意理她。"

保罗听了笑着说："没问题，我一定会处理好这件事。"

以后苏珊遇到珍妮时，苏珊果然是既和气又有礼，不但不再说冷冰冰的刻薄话，反而有时还称赞她。

珍妮向保罗表示谢意，并惊奇地追问他是怎么说的。

保罗笑着说，我跟苏珊说："有那么多人称赞你，尤其是珍妮，说你人聪明又大方，人也温柔善良。仅此而已。"

在现实生活中，有些人常抱怨人与人之间很难进行有效的沟通，我们每天面对的总是冷漠和孤寂。造成这种局面的原因可能是多方面的，但其中一个重要的因素恐怕是我们欠缺对别人的赞美。

赞美是人与人相处的最巧妙的方法。大文豪马克·吐温说过："一句美妙的赞语可以使我多活两个月。"所以说，在人与人交往的过程中，适当地赞扬对方，会增强这种和谐、温暖的感情。你存在的价值得到了肯定，你就得到了一种成就感。赞美别人，就是用火把照亮别人的生活，同时也照亮自己的心田。生活中的赞美，可以消除人际间的龃龉和怨恨。善于交际者大多是善于赞美别人的人，当交际双方在认识上、立场上有分歧时，适当的赞美有时会有神奇的效果。赞美不仅能化解矛盾，还能促进相互理解，从而加速双方之间的沟通。从社会心理学角度来说，赞美是一种有效的沟通手段。赞美能有效地缩短人与人之间的心理距离。

赞美是人际交往中最能打动人心的语言，被赞美者往往会对赞美者产生亲切感，相互间的交际氛围也会大大改善。当赞美成为你说话的一种习惯时，你的生活中就会到处充满阳光。如果你懂得适时去赞美别人，反过来，别人也会适时来赞美你。在赞美他人的同时，也收获对方给予的好感和友谊。一位著名企业家说过："促使人们自身能力发展到极限的最好办法，就是赞赏和鼓励……我喜欢的就是真诚、慷慨地赞美别人。"

赞美是一件好事，但绝不是一件易事。赞美别人时，如不审时度势，不掌握一定的赞美技巧，即使你是真诚的，也会变好事为坏事。所以，开口前一定要掌握赞美的技巧。

那么赞美的技巧有哪些呢？

1. 赞美要真诚

不真诚的赞美会给人留下一种虚情假意的印象，或者会被认为怀有某种不良目的，被赞美者不但不感谢，反而会讨厌。言过其实的赞美，会使受赞美者感到窘迫。

2. 赞美要实事求是

当你准备赞美别人时，首先要掂量一下，这种赞美，对方听了是否相信，第三者听了是否不以为然，一旦出现异议，你有无足够的理由证明自己的赞美是有根据的。所以，要当心，赞美只能在事实的基础上进行，不可浮夸。

3. 赞美要不失时机

对朋友、同事身上的优点，你要尽可能地随时随地去发现。如果你真心喜欢，就要抓住时机，积极反馈。他的一个表情、一个动作、所说的一句话、所做的一件事，你都要看在眼里、记在心里。赞美的时机多种多样，当时、事后、大庭广众之下、两人独处之时都可以进行，但一般以当时、当众赞美为好。

4. 间接赞美

引用他人的评价，对某个朋友、同事过去的事迹，也就是既成的事实加以赞美，被称为"间接赞美"。这证明你对他的成就、声誉有所了解，对方会欣然接受你的赞美。

5. 背后赞美

在背后赞美人，是一种至高的品德。如果朋友知道你在别人非议他时挺身而出，主持公道，他一定会非常感激你。

6. 赞美要适度

过度的赞美或者赞美频率过高，都会令对方感到难以接受，甚至感到肉麻，令人讨厌，结果会适得其反。只有适度的赞美才会令对方感到欣慰。适度因人、因时、因事、因地而异，需要不断摸索积累，掌握好这个度。

换位思考，站在对方的角度说话

在人与人之间的交往中，有一种处理人际关系的思考方式——换位思考。简单地讲，就是互相宽容、理解，多去站在别人的角度上思考，它是一种理解，也是一种关爱，更是人与人之间交往的基础。

现实生活中，每个人在社会上都扮演着一定的角色，在交际过程中，人们都是以具体角色出现的。由于长期习惯于从自己的角色出发来看待自己和别人的行为，我们对事物的认识带有不同程度的片面性。因为角色不同，人们总是发生冲突，不能相互理解，进而造成沟通障碍。

如果你想要克服这种沟通障碍，就要进行换位思考，即设身处地为对方着想，假使自己处在对方的位置上，会做何感想？这样，就会通情达理地谅解对方的行为和态度。

其实，人的认识难免受到主观认识等诸多条件的限制，如果不能冲破这些条条框框的限制，就很难得到正确的认识。以换位思考的方式与人进行沟通，就可以帮助我们在一定范围和条件下克服这种局限性，即跳出原有的认识圈子，站到对方的角度和立场上去观察、体会和分析问题，从而改变原有不正确的想法。

某保险公司的一位女业务员在电话联系的约定时间对李先生进行访问。

她一进门便开门见山说明来意："李先生，我这次是特地来请您和太太及孩子投人寿保险的。"

不料李先生一句顶回来："保险是骗人的勾当！"女业务员并未生气，仍微笑着问道："噢，这还是第一次听说，您能给我说说吗？"李先生说："假如我和太太投保3000元，3000元现在可买一台电脑，20年后再领回的3000元，恐怕连部收音机都买不到了。"女业务员又好奇地问："那又是为什么呢？"

李先生回答："一旦通货膨胀，物价上涨，即会造成货币贬值，钱就不经花了。"女业务员又问："依您之见，20年后一定是通货膨胀吗？"李先生又迟疑了一会儿说："我不敢断定，依最近两年的形势来看，会有这种可能的。"女业务员再问："还有其他因素吗？"李先生支吾了一下说："比如受国际市场的波动影响，说不定……"接着女业务员又问："还有没有别的因素？"

李先生终于无言以对。通过这样的问话，女业务员对李先生内心的忧虑已基本了解。

于是女业务员首先支持李先生的立场："您的见解有一定的道理。假如物价急剧上涨20年，3000元不要说买不了收音机，怕只够买两棵葱了。"李先生听到这里，心里很高兴，但接着这位精明的女业务员给李先生解释了这几年物价改革的必要性及影响当前物价的各种因素，进一步分析我国政府绝对不会允许旧社会那样的通货膨胀的事情发生的道理，并指出以李先生的才能和实力，收入可望大幅度增加。对于这些话，虽然李先生也不止一次听别人说过，但总没有今天感觉那样亲切。最后女业务员又补充一句："即使物价有稍许上升，有保险总比没有保险好。况且我们公司早已考虑了这些因素，顾客的保险金是有利息的。当然，我这么年轻在您面前讲这些，实在有点班门弄斧，还望您多多指教。"说也奇怪，经她这么一说，李先生开始面带笑容，相谈甚欢，当然，这位推销女业务员成功了。

这位女业务员成功的秘密在什么地方呢？就在于站在对方的立场上来思考，设身处地，发现对方的兴趣、要求，而后再进行引导，晓之以理，动之以情，使对方与她的想法相似，最后使之接受。如果不是首先与顾客观点一致，而是针对李先生的"保险是骗人的勾当"观点，开展一场"革命大批判"，那么，劝李先生投保就没有指望了。因此，如果你想说服他人，就需要采取换位思考的方式进行沟通。只有站在对方的位置和立场上来思考问题，才能够更准确地理解对方的想法和心理状态，才能真正找到沟通的结合点，增强沟通的针对性。若只强调自己的感受而不体谅他人的想法，就很难走入他人的内心世界，很难被他人接纳。这也就是我们常说的遇事要将心比心。

总之，换位思考是为了相互理解，它密切了相互间的关系，增进相互间的情感，是交流沟通的桥梁与纽带。

善意的谎言有时更暖心

善意的谎言是美丽的，这种谎言不是欺骗，也不是居心叵测。善意的谎言有时更暖心。

有一年，一支英国探险队进入了撒哈拉沙漠。

队员在茫茫的沙海里负重跋涉，阳光下，漫天飞舞的风沙像炒红的铁砂一般，扑打着探险队员的面孔。

大家口渴似炙，心急如焚——大家的水都没有了。

这时，探险队队长拿出一只水壶，说："这里还有一壶水。但在走出沙漠前，谁也不能喝。"

这壶水成了穿越沙漠的信念的源泉，成了求生的寄托目标。

水壶在队员手中传递，那沉甸甸的感觉使队员们濒临绝望的脸上，又显露出坚定的神色。

终于，探险队走出了沙漠，挣脱了死神之手。

大家喜极而泣，用颤抖的手拧开了那壶支撑他们精神和信念的水——缓缓流出来的，却是满满的一壶沙子！

在上例中，若没有这位探险队队长善意的谎言，可想而知，大家也就没有生存的希望。正是这微弱的希望，才让他们在与死神的搏斗中取得了最后的胜利。因此，在某种情况下，我们说一些善意的谎言是完全有必要的，因为它能给予他人幸福和希望。也许有人会说，说谎是不对的。这不尽然，我们要看说谎者出于什么动机。善意的谎言是出于善良的动机，以维护他人利益为目的。而恶意的谎言则是为了给自身谋取利益，与善意的谎言有着本质的区别，这样的谎我们才真正说不得。

雨果的不朽名著《悲惨世界》里的主人公冉·阿让本是一个勤劳、正直、善良的人，但穷困潦倒，度日艰难。为了不让家人挨饿，迫于无奈，他偷了一个面包，被当场抓获，判定为"贼"，锒铛入狱。

出狱后，他到处找不到工作，饱受世俗的冷落与耻笑。从此他真的成了一个贼，顺手牵羊，偷鸡摸狗。警察一直都在追踪他，想方设法要拿到他犯罪的证据，把他再次送进监狱，他却一次又一次逃脱了。

在一个风雪交加的夜晚，他饥寒交迫，昏倒在路上，被一个好心的神父救起。神父把他带回教堂，但他却在神父睡着后，把神父房间里的所有银器席卷一空。因为他已认定自己是坏人，就应干坏事。不料，在逃跑途中，他又被警察逮个正着，这次可谓人赃俱获。

当警察押着冉·阿让到教堂，让神父辨认失窃物品时，冉·阿让绝望地想："完了，这一辈子只能在监狱里度过了。"谁知神父却温和地对警察说："这些银器是我送给他的。他走得太急，还有一件更名贵的银烛台忘了拿，我这就去取来！"

冉·阿让的心灵受到了巨大的震撼。警察走后，神父对冉·阿让说："过去的就让它过去，重新开始吧！"

从此，冉·阿让洗心革面，重新做人。他搬到一个新地方，努力工作，积极上进。后来，他成功了，毕生都在救济穷人，做了大量对社会有益的事情。

人生的道路不平坦，逆境常多于顺境。身处逆境，面对不幸，当事者不仅需要坚强，也迫切需要别人的劝慰。而及时送上真诚的安慰，必要时说上几句善意的谎言，如雪中送炭，能给不幸者以温暖、光明和力量。

说善意的谎言的人，其用心当然也是善良的，即为了减轻不幸者的精神痛苦，帮助其重振生活的勇气。即使此人以后明白了真相，也只会感激，不会埋怨。即使当时半信半疑，甚至明知是谎话，通情达理者仍会感到温暖、宽慰。明知会加重对方的精神痛苦，但仍要实言相告，虽不算坏话，但也是蠢话。

因此，诚实要看什么时间、什么地点、面对什么人、讲述什么事情。俗话说："适当的谎言是权宜之计。"由此可知，在某些场合还是有说谎的必要的。有时，谎言不一定全是坏话，有时谎言和假象更能促进友情和爱情的发展，这种例子随处可见。

善意的谎言对于我们来说，是生活中一种不可缺少的润滑剂。比如，丈夫吃着妻子炒的菜，虽然感到咸，但依然说味道好极了；亲人罹患癌症，生命危在旦夕，可你却不能向他袒露真相，只好编一些美丽的谎言，借以隐瞒事实，以期老人家在最后的日子里能快乐……这些善意的谎言给我们的生活增添了幸福与和谐，免除了矛盾和尴尬。不仅如此，善意的谎言还能给绝望的人以希望，给自卑的人以信心，给懦弱的人以勇气。因此，在生活中，在真诚待人的基础上，我们也不妨在适当的时候说善意的谎言。

适时安慰，用言语温暖人心

人人在生命中都有低潮期，每个人也都有他脆弱的时候，以真诚的安慰来抚平别人受伤的心灵，能让别人永远记住你的好，一句发自内心的安慰话，往往会胜过平时的千言万语。

在日常生活中，我们常常得到别人的安慰，反过来，我们也要懂得去安慰他人。安慰他人是一种美德，也是一种获取信任的最好方法。

有一次，吉布提向一位朋友诉苦，说他历经十年的笔墨生涯，至今还无力去购置一张宽大的书桌，以使他能舒适地工作。吉布提的朋友听了，却安静地说了一句比单纯的同情更为诚挚的话，他说："世界上的伟大杰作都是从小书桌产生的。"这寥寥几个字，使吉布提立刻有了动力，朋友安慰的话语使吉布提不再因书桌狭小而沮丧，朋友还暗示吉布提的未来有着无穷的希望，也许会完成一部不朽的著作。吉布提至今还认为这是他所听到过的最好的一句安慰话。

人人都有遭受挫折、情绪低落的时候。当他人遭受挫折或者不幸的时候，你应该及时去安慰他，给予适当的鼓励，使其振作起来渡过难关。就算只是给对方一点真诚的掌声，但是这份善意，价值远远大于金钱和任何物质上的东西。

刘华是某乡办工厂的技术员，一段时间里，他为一项小的技术革新苦心孤诣，熬了十几个通宵，可最后还是功败垂成，且招来一些人的非议。刘华一时心灰意冷，决意不再自找苦吃了。刘华的领导刘某知道后对刘华说："刘华，你说世界上什么样的人最伟大，什么样的人最渺小？"刘华说："不怕牺牲的战士们最伟大，见钱眼开的势利者最渺小。"领导说："你的话也有道理，不过我认为世界上有'虎气'的人最伟大，有'鼠气'的人最渺小。爱迪生一生有上千项发明，他在发明我们所用的灯泡时就失败过上千次，有人讥笑他竟然失败了上千次，他却说：'不！我成功地发现了上千种材料都不适合做灯丝！'你看人家'虎气'多足，而你就有那么点'鼠气'，本来没什么，可听到一点风声便不敢出洞了。"刘华听后淡然一笑说："我虽然属鼠，但也不至于为这么点小事一蹶不振，走着瞧吧！"果然，刘华在领导的劝说鼓励下继续攻关，不久便获得了成功。

有时，给失意的人一点鼓励，它虽然没有鲜花亮丽，也没有太阳夺目，但它却能像一滴甘露，滋润人的心田。给失意的人一点鼓励，就如保护一株风雨中的幼苗，守护黑暗中的一点烛光，呵护绝望时的一线生机。人生在世，有太多的崎岖和不平，当对方在黑暗的包围中泪流满面时，你要给予他真诚的安慰和温暖的鼓励，帮助他走出困境。

那么，安慰别人时应注意哪些问题呢？

1. 针对不同的情况给予不同的安慰

安慰事业上不如意的人时，需要对其强烈的事业心给予充分理解、支持。这个时候，理解应多于抚慰，鼓励应多于同情。不必劝慰对方忘掉忧愁、痛苦，更不要说服对方随波逐流，放弃理想、追求。最好的安慰就是帮助对方总结经验教训，分析所面临的诸多有利不利条件，舍弃灰心丧气的情绪，树立必胜的信念，并共同探讨通向事业顶峰的光明之路。

安慰不幸身患重病的人，不要过多谈论病情。应该多谈谈病人关心、感兴趣的事情，以转移对方的注意力，减轻精神负担。如能尽量多谈点与对方有关的喜事、好消息，使他精神愉快，就更有利于早日康复了。

安慰因生理缺陷或因出身、门第而被歧视的人，应多讲些有类似情况的名人的模范事迹，鼓励他不向命运屈服，抵制宿命论的思想，使他坚信只要充分发挥人的主观能动作用，仍然能够争取人生的幸福，实现人生的价值。

2. 倾听对方的苦恼

由于生活体验、家庭背景、所受的教育、工作性质等不同，每个人对于苦恼的理解不同。因此，安慰一个人时，首先要理解他的苦恼。安慰人，听比说重要。一颗沮丧的心需要的是温柔聆听的耳朵，而非逻辑敏锐、条理分明的脑袋。聆听是用我们的耳朵和心去听对方的声音，不要追问事情的前因后果，也不要急于做判断，要给对方空间，让对方能够自由地表达自己的感受。聆听时，要感同身受，对方会察觉到我们内心的波动。如果我们对他的遭遇能够"悲伤着他的悲伤，幸福着他的幸福"，对被安慰者而言，这就是给予他的最好的帮助。

3. 安慰是同情，但不是怜悯

同情是一种真心实意的善良情感。安慰人时，应站在完全平等的地位上交流思想感情，给对方精神上、道义上的支持，并分担对方的感情痛苦。与之相对的是怜悯，怜悯不是平等的思想感情交流，不是精神上、道义上的敬赠，而是一种上对下、尊对卑、强者对弱者、胜者对败者、幸运者对不幸者的感情施舍。

同情的话语给人以鼓励；语气低沉而缺乏力量的话语只会让人悲伤，语气低沉、无力给人感觉你仿佛在欣赏、咀嚼对方的痛苦。所以，我们应该记住的是：安慰他人时，切不可表现出怜悯。

4.安慰需要换位思考

安慰他人最大的障碍，常常在于安慰者无法理解、体会、认同当事人所认为的苦恼。人们容易将苦恼的定义局限在自我所能理解的范围中，一旦超过了这个范围，就是"苦"得没有道理了。由于对他人所讲的"苦"不以为然，因此，安慰者容易在倾听的过程中产生抗拒，迫不及待地提出自己的见解。因此，安慰者需要放弃自己根深蒂固的观念，承认自己的偏见，真正站在当事人的角度去看他所面临的问题。

总之，安慰他人是一门语言技巧，是一种为他人调节心理的大学问。你如果想真正猎获他人的心，那就一定要掌握好这门语言技巧。

谈论别人感兴趣的话题

在沟通的过程中，聪明的人会根据不同人的不同个性和喜好，去迎合他人。在聪明人看来，谈论别人感兴趣的话题是一种有效的交流手段。

跟对方谈论他最感兴趣的事物，最关键的是找到切入点，切不可盲人摸象般胡乱谈论，最终背道而驰。

有一次，爱德华·查利弗先生极需筹措一笔经费，于是就前往当时美国一家数一数二的大公司，拜访其董事长，希望他能解囊相助。

爱德华·查利弗在拜访这位董事长之前，曾听说他开过一张面额100万美金的支票，后来那张支票因故作废，这位董事长还特地将之装裱起来，挂在墙上以作纪念。所以爱德华·查利弗一踏进他办公室，立即针对此事，请求参观一下这张装裱起来的支票。爱德华·查利弗告诉这位董事长自己从未见过如此巨额的支票。于是这位董事长毫不犹豫地就答应了，并将当时开那张支票的情形，详细地解说给查利弗听。

查利弗并没一开始就提到筹措资金的事，他提到的只是他所知道的对方一定很感兴趣的事，结果说完那张支票的故事后，那位董事长就主动问他今天来是为了什么事。于是他才一五一十地说明来意。出乎他的意料，董事长答应了他的要求，爱德华·查利弗满载而归。

每一个人都有感兴趣的事，在交流沟通的过程中，双方兴趣上的一致是很重要的。只要双方喜欢同样的事情，彼此就容易产生亲近感，这是合乎逻辑的，推而广之，对其他许多事情，彼此也就愿意合作了。

杜维诺先生是纽约一家高级面包公司的总裁，他一直试着把面包卖给纽约的某家饭店。一连4年，他每天都要打电话给该饭店的经理。他也参加经理的社会聚会。他甚至还在该饭店订了个房间，住在那儿，以便做成这笔生意。但是他都失败了。

杜维诺先生说："在研究过这位饭店经理的为人处世之后，我决定改变策略，找出那个人最感兴趣的事。

"我发现他是一个叫作'美国旅馆招待者'的旅馆人士组织的主席。不论会议在什么地方举行，他一定会出席，即使路途遥远。

　　"因此，这次我见到他的时候，我开始谈论他的那个组织。我看到的反应真令人吃惊。他跟我谈了半个小时，都是有关他的组织的，他谈论得十分兴奋。我可以轻易地看出来，那个组织是他的兴趣所在。在我离开他的办公室之前，他'卖'了他组织的一张会员证给我。

　　"虽然我一点也没提面包的事，但是几天之后，他饭店的大厨师见到我的时候说：'你真的把他说动了！'

　　"想想看吧！我缠了那个人4年——一心想得到他的订单——如果我不是最后用心去找出他的兴趣所在，了解他兴趣所在，那我至今就只能缠着他了。"

　　一般情况下，当人们遇到自己感兴趣的话题，就会投入十二分的热情；但是，如果对话题没有丝毫兴趣，即使对方热情高涨，自己也会昏昏欲睡。所以，在交流沟通的过程中，也要将心比心，说一些能够抓住对方兴趣的话题，把对方的注意力和好奇心吸引过来。这样会在很短的时间内缩短彼此之间的距离，化解心理上的隔阂，使交流顺利进行。

　　当然，从对方感兴趣的话题入手，还有一个问题需要解决，那就是，如果你自己对这个问题不感兴趣或者不同意对方的意见怎么办？要知道那样很容易引起争执。所以，我们在一开始谈话的时候，要注意选择的这个话题应是两个人都感兴趣的，而且是双方持有相同意见的。即使你对这个话题并不感兴趣，也至少应该表现出你很感兴趣的样子。

第六章　巧言说服，
让别人更愿意接受你的建议

就事论事，用事实来说话

中国有句俗语："事实胜于雄辩。"在说服的过程中，有时讲一大堆道理，从抽象到形象，难以达到说服目的，而一旦摆出生动具体的事例，通俗易懂地表达我们的观点，往往能起到事半功倍的效果。

有一次，丞相萧何向汉高祖刘邦请求将上林苑中的大片空地让给老百姓耕种。上林苑是一处专门为皇帝游玩嬉戏、打猎消遣的大片园林。刘邦一听萧丞相居然要缩减自己的园林，不禁勃然大怒，认为萧何一定是接受了老百姓的大量钱财，才这样想尽办法为他们说话。

于是萧何被捕入狱，同时被审查治罪。当时的廷尉为讨好皇上，只要皇上认定某人有罪，就不惜用大刑迫使犯人服罪。

就在这紧要关头，旁边的一位姓王的侍卫官上前劝告刘邦说："陛下是否还记得当初与项羽抗争以及后来铲除叛军的时候？那几年，皇上在外亲自带兵讨伐，只有丞相一个人驻守关中，关中的百姓非常拥戴丞相。假如丞相稍有利己之心，那么关中之地就不是陛下的了。您认为，丞相会在一个可谋大利而不谋的情况下，去贪百姓和商人的一点小利吗？"

简单几句话，句句击中要害。这位姓王的侍卫官并没有说自己的观点，而是一开口就摆出事实，而且是最关键的事实，让刘邦深有感触，认识到自己的鲁莽和萧何的一片忠心，当天便下令赦免萧何。

一个事实胜过千万句空洞的说教。用事实来说话，比用口头语言更有说服力。列宁曾经说过："如果从事实的全部总和，从历史的联系去掌握事实，那么，事实不仅是'胜于雄辩的东西'，还是证据确凿的东西。"事实具有不容置疑、无可辩驳的说服力和感染力。用事实说话是直接说服对方的一种方法。

有时，当人们担心某事时，如果你不住地劝告，不会有什么效果，人们也未必肯把你的劝慰放在心上。这时，最好的办法就是用事实来说话。你不是担心某事会发生吗？我就让你看到它绝对不会发生。这时，人们会在事实面前放下心来，你也达到了说服的目的。

挪威谚语："即使千言万语，也比不上一桩事实留下的印象深刻。"用事实说话，可以使说服更加有力。因为事实本身可以使你言重如山，取信于人。

用事实说话，就要掌握语言表达技巧和操作要领：你的观点是否可信，在于你的证据是否可信以及你的论证是否符合逻辑。这需要你列举出一些有说服力的证据，通过论证的方式，将各种方案的优劣、长短逐一比较分析，并从中优选出最佳的方案来。

摆事实，讲道理，这是说服他人最有效的方法。

抗战期间，厦门大学的一位英籍客座教授，在一次酒会上大放厥词，诬蔑厦大不如"英伦三岛之中小学校"，说什么"欧美开风气之先导，执科学之牛耳"，他们国家有诗圣拜伦、雪莱，剧圣莎士比亚，现代生物学之父达尔文，力学之父牛顿。而中国虽然地大物博，却"国运蹇促"，又怎么称得上是"物华天宝，人杰地灵"之邦？

当时，厦门大学的校长一听这话，立即反驳道："教授先生，你别忘了，中国的李白、杜甫如黄星经天之日，英伦还处于中世纪蒙昧蛮荒之时；中国李时珍写下了《本草纲目》，达尔文的父亲祖父还不知道是何许人。"

英教授一听，顿时恼羞成怒，大声说道："校长阁下，请记住，是美利坚合众国的伍斯特工学院和斯坦福大学，造就了您的学识和才能。"

校长微微一笑，说道："博士先生，我也想请您记住，中华文明曾震惊世界，没有中国远古的三大发明，也绝不会有不列颠帝国的近代工业革命，更不要提什么欧洲近代文明了。"

在这个例子中，校长抓住对方论点（中华文明是落后的）的失误，举出大量的事实，给予有力的反驳，最后，终于使得英教授哑口无言。至此，校长也达到了自己的说服目的。

想说服他人，就要用事实说话，才能让那些不信服的人彻底地相信你。事实是道理的依据，也是促使整个说服过程生动有力的媒介。很多时候道理讲多了，并不见得有说服力，而摆出一两个与所说之理相适应的鲜明而具体的事实却有难以辩驳的说服力。说服别人，要记住用事实说话。

动之以情，方能晓之以理

《孙子兵法》说："攻城为下，攻心为上。"这是一切兵法的核心思想，也是一条说话之道至高无上的原则。一位西方宣传理论家指出：单靠理性论据去说服人，过程太长而且往往还没说服力。说服别人动摇、改变、放弃己见或信服、同意、采纳你的主张，实质上是一场从精神上征服人心的战斗，不能使对方有丝毫被迫接受的感觉。

对于说服别人，在很大程度上，可以说就是情感的征服。只有善于运用情感技巧，动之以情，以情感人，才能打动人心，以至说服别人。感情是沟通的桥梁，要想说服别人，必须跨越这一座桥，才能到达对方的心理堡垒，征服别人。在劝说别人时，应推心置腹，动之以情，讲明利害关系，使对方认为你的劝告并不抱有任何个人目的，没有丝毫不良企图，是真心实意地帮助被劝导者，为被劝导者的切身利益着想。

有一天，一位老态龙钟的妇女前去面见林肯，哭诉自己被欺侮的经过。这位老妇人原是独立战争时期一位烈士的遗孀，每月靠抚恤金勉强维持生活。前不久，出纳员竟要她先缴出一笔手续费才能领钱，而这笔手续费竟高达抚恤金的一半，这分明是敲诈勒索。素有修养的林肯听完老妇人的泣诉后，怒不可遏，他安慰老妇人，并答应一定帮助她打赢这场官司。

法庭开庭后，因证据不足，所以被告矢口否认，局势明显对老妇人不利，轮到林肯发言，几百双眼睛盯着他，看他有没有办法扭转局势。

林肯并没有在老妇人的不幸上大做文章，而是用低沉有力的嗓音，把听众引入对美国独立战争的回忆。他双眼含泪，用真挚的情感述说革命前美国人民所遭受的沉重苦难，述说革命志士在冰天雪地里战斗，为灌溉"自由之树"而流尽最后一滴血的事迹。突然间，他情绪激动，言词夹枪带剑，直指那位企图勒索遗孀的出纳员。最后，他以巧妙的设问，做出精彩的结论：

"现在，英雄早已长眠于地下，可是，他那年老而可怜的遗孀，还在我们面前，要求我们为她申诉。这位老妇人从前也是一位美丽的少女，曾经有过幸福愉快的家庭生活，然而，她为美国人民牺牲了一切，到头来却变得贫困无依，不得不向享受着革命先烈争取来自由的我们请求一些援助和保护。试问，我们能视若无睹吗？"

这样一个问题，成功地触发了在场所有群众的同情心，在场的人眼眶泛红，都为老夫人掬一把同情之泪。有的捶胸顿足，扑过去要殴打被告；有的当场慷慨解囊。在陪审团的一致要求下，法庭通过了保护烈士遗孀不受勒索的判决。

唐代诗人白居易说道："感人心者，莫先乎情。"感情是打动听众的有力武器。说理可以服人，诉情可以感人。富有感染性的语言必能引人入胜。

研究证实，人的言行是由感情决定的，情感的号召力往往比理性的号召力大。无论是在失意时还是在反抗的时候，为了让对方和你的想法同步，你常常要借助情感打动对方。

俗话说："'通情'才能'达理'。"没有心理上的沟通做基础，即使有理，也达不到说服的目的。情至而心动，情至而人服。动之以情，激发众人内心深处的温暖情感，将有助于扭转局势。

在劝说别人时，应推心置腹，动之以情。白居易曾写过这样两句诗："功成理定何神速，速在推心置人腹。"千百年过去了，以情来感动对方仍然没有改变。要想说服别人，就要设法动摇对方的心理防线，巧妙刺激对方的感情和情绪。人是有感情的动物，感情的力量往往很强大。

巧用暗示，说服对方改变主意

暗示，是人与人之间相互影响的一种特殊方式，暗示者出于自己的目的，采取隐晦、含蓄的语言，巧妙地向对方发出某种信息，并以此来影响对方的心理，使其不自觉地接受一定的意见、信息或改变自己的行为。

暗示在日常生活心理学中十分常见，人们容易受到他人和自己暗示的支配和影响，比如说你和女朋友逛街时碰到朋友，他客气地请你们去家里做客，你想要答应，可你女朋友暗地碰你一下，你只好谢绝对方的好意。这就是一次典型的暗示行为，它是用暗地提点的方法提出意见不公开，使用动作或语言暗示、劝导对方同意自己的建议。

心理学家说，人人都会受心理暗示的影响。受暗示是人的一种特性，它是人类在不断进化中保留下来的一种潜在的学习和自我保护能力，当人处于难以决断时，他就会根据他人或自身的经验进行判断。人生活在社会环境中，每时每刻都在受着社会环境的影响，因为环境会对他进行心理上的暗示让他自觉地进行改善。人受心理暗示的影响是不同的，有强弱之分，但是人受心理暗示的影响是不能够进行自我意识的控制的，不论你接受不接受，不论你认为它是好是坏，你都要受心理暗示的影响。

在说服他人的过程中，可以采用暗示的方法。当你发现他人行为有所不当时，不必说得太露骨，稍微暗示一下对方，或者旁敲侧击地提醒，对方通常能够明白你的意思，此外，他还会对你的善意规劝产生好感。

有一年，南唐税收苛严，百姓不堪重赋。很多大臣劝谏烈祖减轻赋税，都没有结果。当时正逢京师又遇大旱，民不聊生。

一天，烈祖问群臣："外地都下了雨，为什么唯独京城不下？"大臣申渐高一听，立即抓住这个机会进谏，但又不能直言，便诙谐地说："因为雨怕收税，所以不敢入京城。"

烈祖天生睿智，知其话中暗含之意，大笑一阵后，即颁发圣旨，减轻税收，让百姓休养生息。

大臣申渐高借助一句幽默的话，暗示烈祖要减轻税收，想不到竟收到如此奇效，为百姓做了一件好事。

暗示的说服方法就是通过曲折隐晦的语言形式，把自己的意见暗示给对方。这种语言表达方式既可以达到批评教育的目的，又可以避免难堪的场面。在日常生活中，我们也可以像申渐高一样，用暗示的方法，点到为止，让对方自己去领悟。毕竟说得太直接，等于直接打在对方脸上一样，他自然不会高兴。所以，在说服他人时，要多用一些小技巧，无论是明说还是暗示都要给对方留好台阶，以防引起他的不快。

北宋朝知益州的张咏，听说寇准当上了宰相，就对其部下说："寇准奇才，惜学术不足尔。"这句话对寇准的评价是非常正确的，寇准虽然有治国之才能，但不愿学习。

张咏与寇准是交情很深的朋友，他一直想找个机会劝劝寇准多读些书。因为身为宰相，一举一动关系到天下的兴衰，理应学问更多些。

恰巧时隔不久，寇准因事来到陕西，刚刚卸任的张咏也从成都来到这里。老友相会，格外高兴。临分手时，寇准问张咏："何以教准？"张咏对此早有所考虑，正想趁机劝寇准多读书。可是又一琢磨，寇准已是堂堂的宰相，居一人之下，万人之上，怎么好直截了当地说他没学问呢？于是，张咏略微沉吟了一下，慢条斯理地说了一句："《霍光传》不可不读。"

当时，寇准弄不明白张咏说这话是什么意思，可是老友不愿就此多说一句，说完后就走了。

回到相府，寇准赶紧找出《霍光传》，他从头仔细阅读，当他读到"光不学无术，谋于大理"时，恍然大悟，自言自语地说："这大概就是张咏要对我说的话啊！"

原来，当年霍光任大司马、大将军要职时，他的地位相当于宋朝的宰相，他辅佐汉朝立有大功，但是居功自傲，不好学习，不明事理。

寇准是当世奇才，然而却不大注重学习，知识面不宽，这就会极大地限制寇准才能的发挥，因此，张咏劝寇准多读书，既客观又中肯。然而，说得太直，对于刚刚当上宰相的寇准来说，面子上不好看，而且传出去还影响其形象。张咏知道寇准是个聪明人，以一句"《霍光传》不可不读"的赠言让其自悟，何等婉转曲折，而"不学无术"这个连常人都难以接受的批评，通过教读《霍光传》的委婉方式，使当朝宰相也愉快地接受了。

说服他人时，有时候直接的表达未必能收到良好的效果。你如果用一种委婉的暗示法，"话语软则含义深"，巧妙暗示对方，使他洞察到你话中的言外之意，他便会欣然同意你的观点。这样说话，于人于己，有利而无害，何乐而不为呢？

某公司的经理为了赶工作进度，经常不管下属的精力和时间如何，只是一味催促下属加快工作的速度。

这天，经理向王威下达了今年的校园招聘任务，并且要求招聘的学校范围从去年的15个增加到今年的20个，但是人员和时间的安排却和去年无异。

王威听完经理的安排，心里知道要是按这个计划来做，人员和时间上肯定远远不够，但是又不能直接向经理提出。经过一番思考，王威假装很随意地问道："经理，去年我们的校园招聘覆盖了15个学校，大概需要多少人员，历时多长时间？我想先了解一下去年的数据，也好安排今年的计划。"

经理听完，就直接说："去年的范围是15个学校，人员和时间……"

王威耐心听完经理的回答，然后委婉地说："经理，您看，今年招聘的范围扩大了，在人员和时间的安排上是不是也要做相应的调整？"

经理听完这番话，思索片刻，发现今年的招聘难度确实比去年的大，遂答应要给王威做另外的时间和人员安排。

面对眼前的工作难题，王威没有直接向经理提出自己的难处，而是用一种巧妙的问答形式，暗示经理，让他明白完成这项工作的难点所在，从而让经理对工作安排做出相应的调整，王威的目的因此也达到了。

如果你想说服对方改变初衷，有时不需要说得很明白，对于不好回答或者不方便说的话，不妨用语言暗示对方，将自己想要表达的意思寄寓于某个具体情况之中，对方也就明白你的意思了，从而使棘手的问题得到解决。

委婉含蓄的说话更胜口若悬河。当你很想表达一种内心的愿望，但又难以启齿时，不妨使用暗示的表达方法，这种方法有时要比把话说在明处更能达到正确表达的目的，收到令人满意的效果。

说服众人，以理服人

我们都知道，说服人时要晓之以理。那么，什么是晓之以理呢？晓之以理，就是讲道理。简单的事情，小道理，用一两个典型事例，再加上简明、扼要的分析，道理就可以讲清楚。复杂的事情，大道理，涉及多方面的因素，触动一点就牵动全局，必须全方位、多层次、多角度地进行一系列的说服工作，从多方面展开心理攻势，并以严密的逻辑推理，水到渠成地得出结论。

秦朝末年，张耳在占据赵地后，号称武信君。此时，范阳令的徐公仍不投降。因此张耳就委托蒯通去范阳，去说服徐公投降。蒯通到达范阳，见了徐公就说："我是范阳一介草民蒯通。我分析当前形势，徐公你可能活不了多久了。不过，如果你听我蒯通的话，那么你就会有一条生路。"徐公说："你怎么会知道我活不了多久？"蒯通说："你在范阳为官已经有十年的时间了。你为了落实秦国的法令，杀人家的父亲，使人家的孩子成为孤儿；你断人家的手足，黥人家的面孔，这样残忍的事情你做得够多的了。那些慈父孝子对你恨之入骨，但是他们为什么不用锋利的尖刀把你杀死呢？那是因为他们害怕秦国的法律。如今天下大乱，秦国的法律已经不起作用了，那些慈父孝子正在争着用利刃把你杀死，一来要化解他们对你的怨恨，二来杀你也可以得到名利。所以我蒯通知道你不会活多久了。"徐公又问："那我的生路呢？"蒯通说："武安君不嫌弃我是一介草民，向我请教战争问题。我对他说：'打了胜仗才能得到土地，攻取之后才能得到城池，这已经是落后的战法了。不战而得地，不攻而得城，一纸公文就能搞定千里。你们愿意听听这样的谋略吗？'他们的将领都很感兴趣。我就说：'以范阳令徐公为例，他可以整顿士卒坚守城池。但是，人都是害怕死亡且贪图富贵的。战到不行的时候他要投降。那时士卒就会产生怨气，很可能把范阳令给杀了。这件事必然会传出去。其他地方的官员知道范阳令先投降但被杀害了，必然要固守。这样，其他城池就不好攻打了。现在不如以隆重的礼仪迎接范阳令徐公，一直把他迎接到燕赵接壤的地方。使其他城池的官员都知道，范阳令投降得到了富贵。这样，他们就会争着来投降。这就是我说的一纸公文可以搞定千里。'现在你要是听我的话投降武信君，不但可以活下去，而且还可以继续享受荣华富贵。"结果蒯通说服了范阳令徐公。

蒯通说话句句在理，为徐公陈述了利害关系，达到了预期的目的。

晓之以理，既是最基本的、最为广泛使用的说服人的方法，又是说服行为的基本指导原则。要做到这一点，说服者应态度和蔼，对被说服者晓之以理，动之以情，逐步引导他们提高认识，辨清事实真相。当被说服者听不进你的话或思想上一时拐不过弯来时，切不可急躁，而应反复讲明道理，真正做到以理服人。

某企业因经营不善要倒闭，工人将面临失业，不但拿不到遣散费，连欠发的工资也兑现不了。

工人们聚集在领导办公室的门口抗议，要求领导拿出解决的办法来，情绪非常激动。

领导说："工厂就在你们眼前，你们都看到了。现在把工厂拍卖，也恐怕没有人买。就算能卖掉，也换不了几个钱，如果先还上银行贷款，大家还是分文拿不到。怎么办？把领导绑起来？把厂里的产品抢回家？把机器、厂房砸烂烧掉，让公安局抓去坐牢？还是冷静处理呢？"

聪明的领导在一连串的问话后，接着说："工厂是大家的。人人都是老板。现在我们组成专案委员会，把工厂按比例分给大家，大家都是股东，都是老板。少拿点薪水，努力工作，撑几个月看看。赚了，是大家的。赔了，再关门也不迟。你们想想，现在把工厂砸了，什么也拿不到，不如自己当老板，继续做做看。"

领导在详细地分析了利害关系后，工人想了想，觉得厂长说得有道理，于是听从了领导的劝说，纷纷集资入股重新干了起来。大家都把工厂当作自己的工厂，做事特别卖力，经过一段时间的经营，工厂居然起死回生、扭亏为盈了，不但还上了债务，工人还分到了红利。

上例中的领导的话一句句无不告诉工人们要权衡利弊，所以在经过一番反复的核计，在认为害大于利的前提下，工人们才听从了领导的劝说，一场即将发生的危机就这样平息了。所以关键时刻，话不在多，要说在节骨眼上，这才是最有效的。

在说服对方时，要以理服人，才能让人口服心服。可先对问题产生的后果及利弊进行分析，然后循循善诱，有理有据，说服对方。这样就能取得对方的信任，达到解决问题的目的。

曲言婉至，拐着弯地说服

进行有效说服的一个较好的策略是采取迂回战术。直接说服容易让对方产生抵抗心理。因此，不妨从侧面拐着弯地说服对方。

　　公元前266年，赵惠文王死了，太子继位，因其年幼，由母亲赵太后掌权。秦国乘机攻赵，赵国向齐国求援。齐国说，一定要让长安君到齐国做人质，齐国才能发兵。长安君是赵太后宠爱的小儿子，太后不让去，大臣们劝谏，赵太后生气了，说："谁敢再劝我让长安君去齐国，我就要往他脸上吐唾沫！"左师触龙偏在这时候求见赵太后，赵太后怒气冲冲地等着他。

　　触龙来到太后面前，说："臣最近腿脚有毛病，只能慢慢地走路，请原谅。很长时间没有来见太后，我常挂念着您的身体，今天特意来看看您。"太后说："我也是靠着车子代步的。"触龙说："每天饮食大概没有减少吧？"太后说："用些粥罢了。"这样拉着家常，太后脸色缓和了许多。

　　触龙说："我的儿子年小才疏，我年老了，很疼爱他，希望能让他当个王宫的卫士。我冒死禀告太后。"太后说："可以，多大了？"触龙说："15岁，希望在我死之前把他托付给您。"太后问："男人也疼爱自己的儿子吗？"触龙说："比女人还厉害。"太后笑着说："女人才是最厉害的。"

　　这时，触龙慢慢把话题转向长安君，对太后说："父母疼爱儿子就要替他做长远打算。如果您真正疼爱长安君，就应让他为国建立功勋，否则一旦'山陵崩'（婉言太后逝世），长安君靠什么在赵国立足呢？"太后听了，说："好，长安君就听凭你安排吧。"于是，触龙为长安君准备了上百辆车子，到齐国做人质。接着，齐国派兵救了赵国。

　　迂回地表达反对性意见，可避免两人直接的冲撞，减少摩擦，使对方更愿意考虑你的观点。所以，要想取得理想的说服效果，不仅要真诚相待，还要善于动脑，讲究一点说服的艺术，尤其是当对方固执己见，谁去劝说他都不理不睬时，巧妙的办法就是避其锋芒，以迂为直。

有时，迂回可能要多走一些弯路、多费一些唇舌、多耗一些时间，但总比无功折返好。

吴丽是一家商场的服务员，一天，商场里在搞儿童玩具促销活动，柜台前挤满了顾客，这时一个小孩子伸手抓起一件玩具就跑。不一会儿，小孩连同玩具被有关人员带了回来。这时，围上来许多顾客，他们既为小孩担心，又想看看服务员到底如何处理这件事。

小孩拿商场的东西，多半是不懂事，这种情况如果说重了，怕小孩自尊心受不了，周围人也容易打抱不平。不说吧，毕竟商场有规定，而且小孩子养成这样的习惯也不好。

这无疑是个难题，吴丽思考片刻，面带微笑地走到小孩身边，拉起小孩子的手温和地说："小朋友，你喜欢这件玩具吗？""喜欢。"小孩答。"小朋友自己拿玩具的行为好不好？""不好。"小孩子不好意思地低下头。"对了，以后小朋友喜欢什么玩具就告诉阿姨，阿姨给你拿，好吗？""好。"小孩子高兴地回答，把玩具交给了吴丽。

这件本来很棘手的事，吴丽处理得很巧妙，她用亲切委婉的话语既要回了所丢失的商品，又维护了小孩的自尊心，还不失时机地对孩子进行了一番教育，赢得周围顾客的好评。其实，每个成年人都保持着小孩子的这种心理，听到好听话就高兴，听到批评就不舒服，只不过成年人的情绪不那么外露罢了。所以，在我们说服别人的时候，一定要委婉，避免伤害对方。

春秋时期，吴王准备攻打楚国，他知道这个计划会遭到很多大臣的反对，于是对左右的人说："谁要是对我攻打楚国发表反对意见，我就让他去死。"因此很多大臣都不敢来指正这个计划。攻打楚国会给吴国带来很大损失，吴王的宫廷近侍少孺子为了劝谏吴王，想了一个办法。

一天，吴王早起时发现少孺子浑身湿漉漉的，就问他是怎么回事。少孺子说："我带了弹弓，在后花园闲逛，想打些飞鸟。突然我发现了一件让我不能忘怀的事情：一只蝉在树上凄厉地鸣叫，喝着露水。蝉不知道有一只螳螂正在它的后方悄悄地向前爬，想把它作为自己的早餐。那螳螂伏曲着身子，张着足爪，沿着浓密的枝条，一步一步地接近蝉。可螳螂哪里知道，这时有一只黄雀正藏在不远的一根树枝上，正要展翅飞来啄那只螳螂！黄雀伸着脖子以为很快就可以将螳螂吃到嘴里，哪里会想到这时我正用弹弓瞄准它，它也完蛋了！这3个小东西，都是只顾前不顾后，它们的处境真是太危险了！而我呢，则为看这么精彩的场面，时间久了，让露水把衣服都沾湿了！"吴王听了少孺子的话，心中猛然警醒，同时也明白了少孺子的一番良苦用心，于是决定放弃攻楚的计划。

少孺子鉴于吴王的威严和其下的命令，不能直接规劝吴王，于是采用迂回的办法，连用蝉、螳螂、黄雀，比喻其做事只图眼前利益，不知祸害就在后面，从而使吴王醒悟并接受了他的规劝。可见，在说服他人的时候，通过迂回的办法去表达自己的反对意见，并力求使对方改变原来的主张，是十分奏效的方法。

在说服他人的过程中，有的时候直来直去地说话并不能取得很好的效果，而采取迂回的手段往往能达到说服的最终目的。迂回之术不带刺，绕了一个弯后，不仅让人听明白了是怎么回事，最重要的是，人们能愉快地接受。这就要求我们在步入正题前，先来点铺垫，做些迂回，然后再一步一步导入中心，这样才会收到良好的效果。

抓住对方的心理，巧妙说服

每个人所做的每一件事，都是受一定的心理驱使的。因此，当我们试图说服别人时，一定要学会抓住对方的这种心理，并利用这种心理引导对方，让对方一步一步地被我们说服。

一天，一位西装笔挺的男士走到玩具柜前，售货员立即走过来接待。男士伸手拿起一只声控的玩具飞碟，仔细地看了起来。

"先生，您好，请问您的小孩儿多大了？"售货员微笑着，很有礼貌地问道。

"5岁。"男士答道，并把玩具放回原处，去看其他的玩具。

男士不经意的回答，却使售货员顿时兴奋起来。因为从这个简单的信息中，她找到了说服对方的突破口。于是，她热情地说："5岁！5岁正是玩这种玩具的年龄，这种飞碟也正是为像他这样大的孩子设计的。"

说着，她打开了玩具飞碟的开关，并拿出声控器，开始熟练地操作，前进、后退、旋转，男士看得津津有味。这时，售货员又说道："玩这种飞碟，不仅可以锻炼小孩子的头脑，而且还可以培养他们的领导意识。"说完后，她把声控器递到男士手中，详细地向他介绍了怎么操作，并让他实际操作了一番。

终于，男士发出了求购信息。

"一套多少钱？"

"20美元。"

"太贵了点儿。"

"先生，你想想看，这套玩具不仅可以开发孩子的智慧，还可以培养他的领导才能，跟这些比起来，20美元到底值不值？"

于是，这位男士拿起了玩具，到付款台付款去了。

在这个例子中，售货员就是抓住了男士的爱子心理，并很好地运用了这种心理。当男士放下玩具想到别处去时，售货员不失时机地说这种玩具正是为5岁的儿童设计的，并指出了孩子玩这种玩具的两大好处。这样，就引导男士开始询问价钱。而当男士嫌价钱太贵时，售货员又将玩具对孩子的好处和价钱相比，指出这样的价钱是合适的。这样，男士最终买下了这个玩具。

在整个过程中，售货员时时抓住男士的爱子心理，将玩具和价格与孩子联系起来，表面上是玩具打动了男士的心，其实，是他被自己的爱子之心打动了。而售货员正是巧妙地利用了这一点，才最终说服了男士，达到了自己的目的。

因此，在我们说服别人时，不妨也运用一下这种战术——抓住对方的心理，并利用这种心理做文章。在说服过程中，使自己的每一句话、每一个动作都与对方的这种心理相符合，并让对方明白，自己所做的一切，都是有利于他的这种心理的。这样，我们就通过这种方式，引导对方被自己的心理所感动，并接受我们的建议。至此，我们也达到了自己的目的。

春秋时期，齐国派晏子出使楚国，楚王见晏子身材矮小，有心要侮辱晏子一番。他先是在大门旁边开个小门，让晏子从小门进来。晏子不甘受辱，机智地难倒接待他的人。晏子在会见楚王时，楚王十分地无礼傲慢，开口就问："难道齐国没人了吗？竟派你来当使者！"晏子回答说："我们齐国的都城有上万户人家，张张袖子就遮住了太阳，挥把汗就如同下雨，人挤得肩并肩，脚碰脚，怎么能说没有人呢？"楚王说："既然如此，为什么还派你来当使者呢？"晏子回答说："齐国派遣使者有规定，贤能的人被派到贤明的君主那里去，不肖的人被派到不肖的君主那里去。我是最不肖的人，所以被派到您这里来了。"楚王听后十分恼怒，自己掉进自己挖的坑里，很是难堪，但也说不出什么来。

晏子之所以能够在这场辩论中取得胜利，就是因为他能够准确把握住楚王的傲慢心理，有理有节地与他相抗衡，使楚王陷入了尴尬的境地。在任何时候，只要你能够把握住对方的心理动向，你就可以准确地说服对方。

说服是一场激烈的心理战，战场的情况虽然千变万化，但是对手的主要目的不会变化，通过对方言语中的线索，掌控住对方的心理诉求，你就可以轻松地说服对方。

从一开始就让对方说"是"

当你跟他人讨论的时候，不要一开始就谈论你们有分歧的事，而要先谈论你们意见一致的事。你不妨告诉对方，你们的目标是一致的，只是方法不同而已。

如果可能的话，我们要使对方在一开始的时候就说"是"，尽量防止对方说"不"。哈里·欧弗斯屈特教授写过《影响人类的行为》一书，书中说：谈话的时候，千万不要给对方说"不"字的机会。一个"不"字就会阻挡你们的讨论，导致你们的讨论无法继续下去。因为当一个人说出"不"字后，为了他自己的人格尊严，他就不得不坚持到底。虽然事后他或许会觉得自己说"不"是错误的，可是他会继续说"不"，这不是为了真理，而是为了尊严。所以，我们在与人打交道的时候，要想办法让对方一开始就做出肯定的回复。否则，我们会追悔莫及。

大多数人都具有这样的心理状态，当说出"不"字后，潜意识里就会形成一个拒绝的意念，潜意识的意念会导致自己对后续的谈话仍然说"不"。反过来也是如此，当说出"是"字后，潜意识里就会形成一个肯定的意念，对后续的谈话，反应也就是"是"了。

懂得说服技巧的人，开始的时候就能得到"是"的回答。这样，他就能引导对方的心理，掌控整个谈话的局面，最终得到自己想要的结果。

使用说"是"的方法，使得纽约市格林尼治储蓄银行的职员玛丽女士挽回了一位顾客托西先生。

托西要开一个户头，玛丽女士就给他一些平常表格让他填。有些问题他心甘情愿地回答了，但有些他却拒绝回答。

在研究为人处世技巧之前，玛丽一定会对托西说："如果您拒绝对银行透露那些信息的话，我们就无法让您开户头。"当然，那种断然的方法可能会使自己觉得痛快，因为这表现出了我是这里的主人，也表现出了银行的规矩不容破坏。但那种态度，当然不能让一个进来开户头的人有一种受欢迎和受重视的感觉。

那天早上，玛丽决定不谈论银行所需要的，而谈论对方所需要的。最重要的是，她决定在一开始就使客户说"是"。因此，她不反对托西先生，而是说："您无论如何都不会透露那些信息吗？"

"是的，当然。"托西回答。

"那么，万一你发生意外，你是否愿意银行把钱转给你所指定的亲人？"玛丽又问。

托西又说："是的。"

接着，他的态度缓和下来，当他发现银行需要那些信息不是为了自己，而是为了客户的时候，他改变了态度。在离开银行之前，托西先生不仅告诉玛丽所有关于他自己的信息，还在玛丽的建议下，开了一个户头，指定他母亲为受益人，而且很乐意地回答了所有关于他母亲的信息。

由此我们也可以看出，设计一连串让对方点头称是的问题是非常关键的。也就是说，我们可以通过提出引起对方兴趣和注意的问题，在说服中主导谈话的方向，从而左右说服的结果。

让对方说"是"最有效的方法是把要说的话说对。戴尔·卡耐基曾经说过：人是不可能被说服的，天下只有一种方法可以让任何人去做任何事，那就是让他自己想去做这件事。而让他自己想去做这件事，唯一的方法是让他认为你说的是对的，让他认为他是在遵循对的东西才这样做。

以下是一位希望儿子考上大学的母亲，为了改变儿子吊儿郎当的态度而与他进行的一场对话：

"高考迫在眉睫了，你要加紧用功！你看看你，成天只知道弹吉他，这样下去不行啊。唉，真不知道你心里是怎么想的！"

"怎么想？我觉得读不读大学都无所谓。那些书呆子们拼了命考上一流大学，进了大企业，结果又怎样？像爸爸，在公司做那么久了，还不是一遇上裁员就失业啦。"

"话不能那么说呀。虽然你爸爸今天被裁员了，可是这许多年来我们家的生活水准不都是在中等之上吗？这些你是知道的。你从小学开始就一直就读重点学校，你想要的东西又有哪一样没买给你？这些都是你爸爸的功劳，全都是他上过一流大学，进了大企业的缘故呀！要不是你爸爸，我们家会变成什么样子呢？我们根本就不可能像现在过得这么舒服！"

"可是我喜欢玩音乐，想试一试究竟自己能不能靠它闯出一番事业来，就算不成功我也不后悔。"

"我知道你喜欢音乐，但这只能当作兴趣而已。要想成为音乐家是要有特殊天赋的。就算你有天赋，还得加上长期不断练习。"

"说的也是……但我还是想试试。"

"喜欢归喜欢，放弃考大学而玩音乐，毕竟太冒险！你进了大学也还可以玩音乐。只要上了大学，你想干什么就干什么，也不至于在日后才后悔呀……"

"嗯，知道了。"

这位母亲的说服相当成功。她巧妙地利用了儿子自己对于放弃大学而专玩音乐的潜在不安全感，让他明确地感受到危机所在。

为了说服对方，要尽可能使对方在开始的时候就说"是的"，而不要使他说"不"。因为否定反应是一个人最难突破的障碍，一旦"不"字说出口，就很难改变。

说服过程中，否定的反应是最不容易突破的障碍，当一个人说"不"时，他所有的人格尊严，都要求他坚持到底。也许事后他觉得自己的"不"说错了，然而，他必须考虑到宝贵的尊严。既然说出了口，他就得坚持下去。因此一开始就使对方采取肯定的态度，是最重要的。

让对方说"是"，是一种说话的艺术，如果你学会了这种艺术，你将终身获益。

劝将不如激将，巧用激将法说服别人

俗话说："请将不如激将。"在办事过程中，正确运用激将法，一定能收到预期的效果。

诸葛亮就是用激将法来说服周瑜和他们联合起来一起抗击曹操的。当时曹操正率领大军南下，刘备根本无法与曹军抗衡，于是派出诸葛亮去东吴游说，希望得到东吴的帮助。

周瑜掌管着东吴兵马大权，诸葛亮深知要想得到东吴的帮助，首先要说服周瑜。但是周瑜和东吴方面都不想跟曹操发生战争，所以，诸葛亮打算用计谋说服周瑜。

在鲁肃的陪同下，诸葛亮见到了周瑜。周瑜听鲁肃汇报完当前的军事情况后，说道："在这种情况下，我认为应该投降曹操。"周瑜如此回答，也是为了试探诸葛亮的反应，想摸清诸葛亮来东吴的真实意图。诸葛亮十分清楚周瑜的目的，他笑了笑说："东吴其实大可不必担心，你们只要把大乔、小乔两位美女献给曹操，曹操的百万军队自然就会无条件撤退。"接着，诸葛亮又高声朗诵起曹植写的《铜雀台赋》："从明后以嬉游兮，登层台以娱情。见太府之广开兮，观圣德之所营。建高门之嵯峨兮……"朗诵完《铜雀台赋》之后，诸葛亮解释道："这首赋是曹操在漳河修建铜雀台时，他的儿子曹植为了赞美父亲而作。这首赋的意思是说：在漳河如此风景秀丽的地方，修建了这座金殿玉楼，可谓是美之至极，一定要将东吴的大乔、小乔两位美女藏于此地。我想，对吴国来说，牺牲大乔、小乔来换取国家平安，就像是将两片叶子从大树上摘下来一样。所以，你们不妨将大乔和小乔送到曹营，这样，根本不用将军操心就能将问题解决了。"

周瑜听到诸葛亮的话后，勃然大怒，他将酒杯狠狠地掷在地上，大声骂道："曹操这老贼，实在是欺人太甚！"随后，诸葛亮趁机向周瑜分析了天下的形势，更加坚定了周瑜抗曹的决心。第二天，周瑜便向孙权请战说："主公只要授予臣精兵数万，臣必定能大破曹军。"由此，诸葛亮成功地联合了吴国。

在说服别人时，激将法是一种很灵验的好方法。通过这种方法，我们就可以很容易地使那些性情固执、脾气急躁、自尊心强的人，钻进我们设置的"圈套"里，并顺利说服他们。

史密斯在担任美国纽约州州长的时候，当时的一个监狱管理混乱，臭名昭著，那里缺少一名看守长，急需一名铁腕人物去管理监狱。一番选择后，史密斯觉得劳斯是最合适的人选，便对他说："去监狱做看守长如何？"

劳斯大吃一惊，他知道这是苦差事，谁都不愿意去，他考虑着这个险值不值得冒。史密斯见他犹豫不决，便说道："害怕了？年轻人，我不怪你，这么重要的岗位，需要一个重量级人物才能挑得起这副担子。"

劳斯被史密斯一激，一下来了劲头，欣然接受了这副担子。他上任后，对监狱进行大胆改革，尽力做好罪犯的帮教转化工作。几年后，他成了美国最具有影响力的看守长。

孟子说："一怒而天下定。"在说服别人的过程中，如果将激将法运用得巧妙，往往可以让人改变原来的立场，达成所愿。

人们往往都有逆反心理，你越不让他干什么，他越要干什么，尤其是在气氛激烈的情况下，对于那些好胜心强并且脾气暴躁的人，用激将法来说服他们不愧是一种好办法。

某公司改革用人制度，决定对中层干部张榜招贤。榜贴出后，大家都看好能力技术俱佳的技术员小陶。然而，由于某种原因，小陶正在犹豫。公司总经理找到他，直言相激："小陶，你不是大学的高才生吗？我以为你挺有出息的，没有想到你连个部门经理的位子都不敢接，我以前高看你了！你就是个庸才！"

"我是庸才？"话音未落小陶就跳了起来，说："我非干出个样儿来不可。"他当场揭榜出任了部门经理。

"劝将不如激将"，意在利用人们的自尊心和逆反心理，从相反的角度刺激对方不服气的情绪，使其产生一种奋发进取的内驱力。如此一来，就能把对方的潜能充分发挥出来，实现良好预期，达到其他劝说方法达不到的效果。

在使用激将法时，首先要注意对对方自然巧妙地进行引导，切记不可牵强附会，否则会弄巧成拙，适得其反。其次，还要看对方的个性和当时所处的环境，并不是所有的人都适合用激将法，所以激将法不可滥用。最后，一定要把握好分寸，操之过急则无法达到激将的目的。

第七章

耐心倾听，给人无声的赞美

会说话的最高境界是懂得倾听

俗话说得好："会说的不如会听的。"也就是说，只有会听，才能真正会说；只有会听，才能更好地了解对方，促成有效的沟通和交流。

倾听是一种礼貌，是对说话者表示尊敬的一种表现，也是对说话者的一种高度的赞美，更是对说话者最好的恭维。每个人都希望在与人谈话时受到别人的尊重和重视。我们专心致志地说话时，都希望别人能够全神贯注地听。因此在别人说话时，我们也要用心去听，这样才能使对方喜欢你、信赖你，从而拉近与你的距离。但遗憾的是现实中，有很多人并没有真正掌握"听"的艺术。

美国"汽车推销之王"乔·吉拉德对此有深刻的体会。一次，某位名人来向他买车，他推荐了一种最好的车型给他。那人对车很满意，并掏出10000美元现钞，眼看就要成交了，对方却突然变卦而去。

乔·吉拉德为此事懊恼了一下午，他百思不得其解。到了晚上11点他忍不住打电话给那人："您好！我是乔·吉拉德，今天下午我曾经向您介绍了一款新车，眼看您就要买下了，为什么突然走了呢？"

"喂，你知道现在是什么时候吗？"

"非常抱歉，我知道现在已经是晚上11点钟了，但是我检讨了一下午，实在想不出自己错在哪里了，因此特地打电话向您讨教。"

"真的吗？"

"肺腑之言。"

"很好！你用心在听我说话吗？"

"非常用心。"

"可是今天下午你根本没有用心听我说话。就在签字之前，我提到我的吉米即将进入哈佛大学念医学，我还提到他的学科成绩、运动能力以及他将来的抱负，我以他为荣，但是你毫无反应。"

乔·吉拉德不记得对方曾说过这些事，因为他当时根本没有注意。乔·吉拉德认为已经谈妥那笔生意了，他不但无心听对方说什么，反而在听办公室内另一位推销员讲笑话。这件事让他领悟到"听"的重要性，让他认识到如果不能自始至终倾听对方讲话的内容，认同客户的心理感受，难免就会失去自己的客户。

讲话者总希望他的听众听完他发表的意见，如果你对此漫不经心或者毫不在乎，这就在一定程度上伤害了他的自尊心，他原来对你的好感也会顷刻化为乌有。如果你想在沟通中赢得他人的好感，那么你首先要做到的就是用心倾听。正如卡耐基所说："专心听别人讲话的态度是我们所能给予别人的最大赞美。"

在人与人的交往中，听是一项非常重要的技能。如果你是一位善于倾听的人，你会发现当你说话时别人自然而然也会被你吸引。

韦恩是罗宾见到的最受欢迎的人士之一。他总能受到邀请。经常有人请他参加聚会、共进午餐、担任基瓦尼斯国际的客座发言人、打高尔夫球或网球。

一天晚上，罗宾碰巧到一个朋友家参加一次小型社交活动。他发现韦恩和一个漂亮女孩坐在一个角落里。出于好奇，罗宾远远地注意了一段时间。罗宾发现那位年轻女士一直在说，而韦恩好像一句话也没说。他只是有时笑一笑，点一点头，仅此而已。几小时后，他们起身，谢过男女主人，走了。

第二天，罗宾见到韦恩时禁不住问道：

"昨天晚上我在聚会上看见你和最迷人的女孩在一起。她好像完全被你吸引住了。你是怎么抓住她的注意力的？"

"很简单。"韦恩说，"女主人把她介绍给我，我只对她说：'你的皮肤晒得真漂亮，在冬季也这么漂亮，是怎么做的？你去哪里度的假呢？'"

"夏威夷。"她说，"夏威夷永远都风景如画。"

"你能把一切都告诉我吗？"我说。

"当然。"她回答。我们就找了个安静的角落，接下去的两个小时她一直在谈夏威夷。

"今天早晨她打电话给我，说她很喜欢我陪她。她说很想再见到我，因为我是最有意思的谈伴。但说实话，我整个晚上没说几句话。"

看出韦恩受欢迎的秘诀了吗？很简单，韦恩只是让那位女士谈自己。他对每个人都这样——对对方说："请告诉我这一切。"这足以让一般人激动好几个小时。人们喜欢韦恩就因为他善于倾听。

由此可见，专注认真地倾听别人谈话，向对方表示你的友善和兴趣，这样做的最大价值就是深得人心，能使双方感情相通、休戚与共，增加信任度。

在谈话过程中，你若耐心倾听对方谈话，就等于告诉对方："你说的东西很有价值"或"你值得我结交"。同时，这也使对方感到他的自尊得到了满足。由此，说者对听者的感情也更深了，"他能理解我""他真的成了我的知己"。于是，二人心灵的距离缩短了，只要时机成熟，两个人就会很谈得来。

所以说，善于倾听是人不可或缺的素质之一，是人与人交往的一个必要前提，学会倾听不仅能正确完整地听取自己所要的信息，而且还会给人留下认真、踏实、尊重他人的印象。

听话听音，听出话语背后的深意

大部分沟通失败的原因在于你没能准确地把握对方的观点。只有准确理解对方的意图，沟通才能顺利地进行。

中国人的普遍特点是含蓄，特别是在讲话的时候，要表达什么意图不会直接说出，会迂回委婉地讲出。所以，为了弄清对方说话的真正意图，在沟通的过程中，我们要学会听出弦外之音。

刘明很会来事，因此他在私下里和老板的交情很深。有一次老板特意安排刘明和他一起去美国出差。由于当时想跟老板一起去的同事很多，所以这件事情就在公司被很多同事议论纷纷。

为了显示公平，也考虑影响的问题，老板就当着所有同事的面儿问刘明："小刘啊，你的英语很不错吧？"可能当时缺乏经验或过于实在，刘明老老实实地回了句："我的英语很一般。"话刚从嘴里说出来，刘明身边的一位同事便举手自荐，忙说自己英语还不错。忽然间，刘明就觉得自己做了件傻事，有同事后来说："都知道你跟老板的关系好，老板只是给你一个去的机会。只管点头不就好了，这下把机会拱手相让了。"果不其然，那位毛遂自荐的同事顺利地陪着老板去了美国，而刘明知道，当时在场的几个英语都不怎么好。

等老板从美国回来之后，渐渐地，刘明就发现老板越来越疏远自己了，有好事情的时候再也想不到他了。

很多时候，看似简单的一句话，实际上背后却隐藏着多重含义。俗话说：听锣听声，听话听音。任何信息，既有表层的直接意思，又有内在的深层含义。这就要求我们学会边听边分析，准确领会对方的意图，既要敏锐地体察信息的含义，又要防止过度的主观臆测，以免误解而错过机会。

小陈在公司工作了好几年，可是一直都没有晋升，主要还是小陈的性格使然。因为他总拿"金子总会发光""酒香不怕巷子深"作为座右铭。小陈在公司的人缘很好，不论是公司的领导，还是刚进公司的新人，都很喜欢小陈。小陈的领导不是没有给过小陈提拔的机会，可是他就是不开窍，听不懂领导的话外音。小陈的同事也总是说小陈，以小陈那么出色的个人能力，早该出头了。

有一天，公司的老板在晨会上讲："最近公司要进行人事上的变动。现在有个大业务，需要能力强的员工揽下来，然后组建团队把这项业务搞定。希望公司里有资历、有能力、有实力的老员工把这件事承担下来。这个也算是对老员工的考核，考核过关了就会得到晋升。并且各项薪酬待遇都会有所提高。哪位员工愿意揽这个业务？"老板一边说一边用眼睛看小陈，当时会上的很多员工都明白领导的意思，知道这是领导在给小陈机会，可是小陈自己却没有意识到，依然坐在那里一动不动，这时，坐在边上的同事小王踢了他一脚，轻声说："赶紧站起来啊，领导在给你机会呢。"这时，小陈才反应过来，站起来对领导说："老板我愿意承揽这项业务，保证在3个月内完成任务，希望您能给我这个机会。"

就这样，小陈终于抓住了这一次机会，在3个月后，圆满完成任务的小陈，顺利地成了公司的部门经理。

如果不是同事小王的提醒，估计小陈又要错失一次机会了。事实上，像小陈这样能有好几次机会的员工并不多，大部分员工在职场中被提拔的机会往往就只有那么一次，如果不能把握，可能就再也没有机会了。

可见，听懂他人的话外之音是多么重要！所以，我们在听别人说话时，不但要听清说的内容，更要认真思考，听出话外之音才行。这样不但能帮助说话者完成心愿，还能为自己建立良好的人际关系。

在人与人之间的沟通中，出于种种原因，有时候对方的某些意思是通过委婉含蓄的话语表达出来的。对于这潜藏其中未明白说出的话，倾听者必须留意对方说话的语气、声调、用词、神态和谈话的背景，并通过这些仔细地去体会对方的言外之意，才能真正理解对方说话的意图，从而做出正确的判断和回应，以加强双方交流沟通的效果。这需要一定的功底。如若不然，听不懂别人话里隐藏的含义，就很容易形成误解。

　　吴斌是某公司老板的业务助理。有一次老板找吴斌谈话，先是夸了他说："吴斌啊，据我观察，你这一段时间的工作状态比较稳定，业绩也不错，如果好好干，一定还能做出一番大事业，甚至能够担当更重要的职责。"

　　吴斌听到老板夸赞自己，心里很是高兴，谦虚地说："您过奖了，我只是做了我应该做的。"

　　老板看到吴斌这么谦虚，确实是一个不错的助手，又接着说："小吴啊，你看我们的行业怎么样？发展前景怎么样？"

　　吴斌是做业务的，对市场情况比较了解，于是如实说："近几个月我们的业务不是太好，一直处于下滑状态，团队也不是很好。"

　　老板听了吴斌的话后，很有感触地点了点头说："你说得对，现在我们公司确实已经到了举步维艰的地步了，就利润来说，今年比去年下滑了不少，这个你都是知道的。"

　　吴斌会意地点了点头，老板接着说："对于这种情况，公司的人员急需要做一些调整，这样才能维持公司的正常运营，现在业务经理也离职了，你在我身边也有一段时间了，如果你是业务经理，你会怎么办呢？"

　　吴斌听了老板的话，没有明白其中的意思，但是对于老板的问话又不能不回答，于是说道："我会努力提高公司的业务，完善管理制度。"

老板听了吴斌的话，没有说什么就让他离开了。后来同部门小张被提升为了部门经理，并且对内部进行了裁员，这时吴斌才明白过来老板的意思。

原来老板的意思是想对公司内部进行裁员，他需要一个业务经理来做这件事情，而吴斌没有明白老板的意思，所以错过了提升的机会。

从案例中可以看出，吴斌的失败在于他没有听懂老板的言外之意。老板的很多话语中已经体现出了裁员的想法，比如"公司举步维艰""人事调整"等，仔细分析老板说这些话的意思，老板是想通过人事变动来解决公司的困境。从这个角度可以分析出两种措施：第一，调整人员岗位，将合适的人放在合适的岗位，发挥其特长；第二，裁员，减少公司的费用支出。第一种方法虽然有效，但是不能尽快解决公司的困境，所以不符合老板所表达的意思。而第二种方法裁员正是老板所想的。结合老板后面的话，就可以分析出老板的意思是想让吴斌做业务经理然后进行裁员。

倾听他人说话，不仅要听字面的意思，还要听话语之外的弦外之音。这是一种境界很高的倾听，也是最不容易做到的。

现实中，你少不了与他人交际，同时也常常会感觉到别人的言外之意和重要暗示。因此，你只要留心琢磨对方要表达的弦外之音，就能明白对方的真正想法。

不要傻听，时常给予对方回应

说话是人与人之间传递思想、交流情感最基本的方式。但真正的说话技巧不仅是会说，还要会听。掌握良好的听与说的技巧，在倾听中响应对方，是联络情感、满足需求必不可少的人际桥梁。

有一次，美国知名主持人林克莱特访问一名小朋友，问他说："你长大后想要当什么呀？"小朋友天真地回答："嗯，我要当飞机驾驶员！"林克莱特接着问："如果有一天，你的飞机飞到太平洋上空，所有引擎都熄火了，你会怎么办？"小朋友想了想："我会先告诉坐在飞机上的人绑好安全带，然后我挂上我的降落伞先跳出去。"

当现场的观众笑得东倒西歪时，林克莱特继续注视着这孩子，想看他是不是自作聪明的家伙。

没想到，接着孩子的两行热泪夺眶而出，这才使得林克莱特发觉这孩子的悲悯之情远非笔墨所能形容。于是林克莱特问他："为什么要这么做？"小孩的回答透露出一个孩子真挚的想法："我要去拿燃料，我还要回来！我还要回来！"

林克莱特在与小朋友对话的过程中，没有耐心听完小朋友的话便抱着以往的刻板印象等着看他出窘，没有努力去尝试理解他的真正意思，忘了小朋友是天真的。幸好，在紧要关头他能用心注意到小朋友的肢体及情绪语言，能诚恳地去发问并倾听小朋友的真正心意，进而才没有伤害小朋友。

通过这个故事，你认为自己真的明白了倾听的艺术了吗？在与他人交谈中，我们只有通过倾听了解对方的想法，相对应地做出恰当的回应，才能使彼此之间的利益达成一致，融洽交际氛围。

低手善于说，高手善于听。如果你想做个倾听高手，赢得他人的好感，需要注意以下几个方面：

1. 倾听要专注

与他人说话时，不可做一些与此无关的事情，这是恭敬的表现，而且当对方偶然问你一些问题，你也不会因为不留心听他所说的话而无从回答了。

2. 善于运用身体语言

倾听时，要注视对方，表现出全神贯注的神情。身体要向对方微微前倾，适当地运用一些表示赞同对方观点的微小动作，如点头、微笑、轻声附和，避免发呆。这个时候，千万不要做无关的动作，看表、修指甲、打哈欠、伸懒腰等都是不合时宜的。

3. 适当地插话

聆听时，偶尔插上一两句赞同的话是很好的，不完全明白时询问对方也是非常有必要的，因为这正表示你对他的话留心。但是，你不可以把发言的机会抢过来，滔滔不绝地说自己的事情，除非对方的话已告一段落，该轮到你说话时才可以这样做。

4. 适当地提问

适当地提问可以表明你正在用心地听。这可以使对方更有兴致谈下去。若做永远的听众，而不发一言，不仅与欢愉的气氛格格不入，还会使对方失去交谈的兴致。

5. 倾听要有耐心

有些人常喜欢把一件已经对你说过好几次的事情重复地说，也有些人会不断重复地讲一个笑话。作为听众，我们要有耐心，不能对对方说"这话你已经说过很多次了"，这样会伤害对方的自尊心，我们唯一能做的就是耐心地听下去，这样才是对别人的尊重。

总之，与人交谈的时候，你若想博得对方欢心，想愉快地沟通下去，那么，就不要只是傻傻地倾听，要学着适时地回应对方。这种回应式倾听不仅能促进你和对方的情感交流，加深相互间的理解，还能引发精神上的共鸣，获得双向沟通的良好效果。

有效倾听，不要轻易打断他人说话

在日常生活中，我们经常会遇到一些这样的人，老是打断别人的话或是抢别人的话，结果弄得大家不愉快。例如，你与朋友在谈论一个话题，你就此正发表自己的见解，可对方听到一半，还未等你说完，对方突然冒出一些观点，就急于要发表自己的看法，此时，便打断了你的话，从中间插进去发表他的见解。或者，当你在讲一件事情时，刚起个开头，恰巧这件事情是对方曾经听过的，对方便不假思索地说"这个我听过"，马上阻断你，让你不知道是不是需要继续讲下去。很显然，这种打断别人说话的行为是一种最无礼的行为。

别让不会说话 害了你

培根曾说："打断别人说话，乱插嘴的人，是最令人讨厌的。"那些不懂礼貌的人总是在别人津津有味地谈着某件事情的时候，在说到高兴处时，冷不防地半路杀进来，让别人猝不及防，不得不停止谈论。这种人插话时不管你说的是什么，都将话题转移到自己感兴趣的方面去，有时是把你的结论代为说出，以此得意扬扬地炫耀自己的光彩。无论是哪种情况，都会让说话的人顿生厌恶之感，因为随便打断别人说话的人根本就不知道尊重别人。

王丽是一个活泼大方、性格开朗的女孩，闲暇之余她总喜欢找人聊天，可是王丽身边的朋友却很少，刚到了一个新的工作岗位，谦虚热情的王丽很快得到了大家的喜欢，可是渐渐地大家都发现了王丽的问题，开始疏远她。一次王丽在和同事李芳聊明星八卦的时候，本来只是闲聊，李芳无意中提起，某人和某人最近传绯闻了，李芳才说了两句，王丽立刻就打断了李芳的话说："哪里，我看的杂志不是这样讲的，明明就是某某某和某某某在一起的……"李芳见状转了话题，说到自己对人生的看法，可是没说两句又被王丽给打断了。最后一直都是王丽在滔滔不绝讲话，王丽完全不把李芳放在眼里。可是王丽却没有感觉到李芳的不快。自己的这种说话方式已经成为一种习惯、一种下意识。

下一次，王丽又找到李芳聊天，可是李芳却推辞了。然后王丽又找到其他的同事聊天，可是和她聊过一两次以后大家都不愿意再和王丽聊天了。王丽很郁闷。这天，公司所有成员开会，领导说到一个问题的时候，出现了一点小的错误，大家都听出了错误，可是领导自己还没有意识到说错的时候，王丽立刻就打断了领导的发言，纠正了领导的错误，领导虽然很欣然地接受了，但脸却红了。经过此事以后，大家更不愿意搭理王丽了。

无论你多么渴望一个新的话题，多么想发表自己的见解，都不要去打断说话者，你要默默地将想说的话记在心中，直到讲话者说话结束为止，你才可以发表自己的见解。讲话者最讨厌的就是别人打断他的讲话，因为这会打断他的思路。

有一个客户经理正与客户谈一个项目，在争论最激烈的时候，他手下的一个员工闯了进来，插嘴道："经理，我刚才和哈尔滨的客户联系了一下，他们说……"接着就说开了。

经理示意他不要说了，而他却越说越津津有味。客户本来就心情不大愉快，见到这样的情景更是气坏了，就对客户经理说："你先跟你的同事谈，我们改天再来吧。"说完就走了。

这位员工乱插话，因此搅了一笔大生意，这让经理很是恼火。

每个人都会情不自禁地想表达自己的意愿，但如果不去管别人的感受，不分场合与时机地就去打断别人说话或抢接别人的话头，就会扰乱对方的思路，引起对方不快，有时甚至会产生不必要的误会。

不要无端地打断别人的谈话，需要插话也要学会适时地插话。每个人都喜欢别人从头到尾安静地听自己把话说完，以便借此展示自己的价值。所以，交谈时要专注于对方所讲的话题，等对方讲完以后，再开始你的话题。

即使你没听懂对方说的话，或是听漏了一两句，也千万别在对方说话时突然提出问题，必须等到对方把话说完，再说："很抱歉！刚才中间有一两句你说的是……吗？"如果你是在对方说话中间打断，问："等等，你刚才这句话能不能再重复一遍？"这样，会使对方有一种接受命令或指示的感觉，显然，对你的印象就没那么好了。

不要急于插话，要想清楚自己要说什么，怎么插话、何时插话比较合适。即兴插话、语无伦次地乱讲一通，对方会很扫兴。只有把要插的话想好、说到位，才能令对方信服。

在生活中，如果你想让别人喜欢你、接纳你，就必须根除随便打断别人说话的陋习，当要打断别人时，提醒自己多给别人一些表达的机会，并从中找到自我发展的资源，获得交际双赢。

少说多听，把话语权留给对方

生活中，总有些人一说起话来就没完没了，以为凭借自己的高谈阔论，会给别人带来很好的印象，会跟别人沟通得很融洽，获得良好的人际关系。可是，事实并非如此，这是一种错误的说话方式。

事实上，每个人都有自己表达的欲望。在与他人沟通的过程中，如果你一直滔滔不绝地高谈阔论，那么你沟通的质量必然很差，因为这样的谈话已不是对话，而是像演讲或培训讲座，对方的感觉一定非常不好。

相信我们有过这样的经历：几个人聚在一起讲故事，甲一个接一个地讲了好几个，乙和丙也想讲述一两个。可是，甲滔滔不绝地讲，使乙和丙想讲而没有机会讲。我们试想一下，乙和丙的心里一定不好受，因为他们自己没有说话的机会，专门听甲的讲话，自然会没有兴趣听下去，最后只好不欢而散了。谁都不乐意一味地听别人说话，所以，与人交谈时，即使是一个很好的话题，对方很感兴趣，说话时也要适可而止，不可无休无止说个没完，否则会令人疲倦。

有一次，纽约报纸的财经专页上刊登了一则大型广告，招聘具备特殊能力的人，卡贝利斯应征了这则广告，并把简历寄出。几天后，他接到一封面试邀请信，面试前，他花费几个小时的时间在华尔街寻找这家公司创始人的一切消息。

面试开始了，他从容不迫地说："我非常庆幸自己能够和这样的公司合作。据我了解，这家公司成立于28年前。当时只有一间办公室和一名速记员，对吗？"

几乎所有的成功人士都喜欢回忆创业之初的情景。这位老板也不例外，他花了很长时间来谈论自己如何以450美元现金和一个原始的想法创业，并如何战胜了挫折和嘲笑。他每天工作16至18个小时，节假日也不休息，最终战胜了所有的对手，现在华尔街最知名的总裁也要到这里来获取信息和指导，他为此深感自豪，而这段辉煌经历也的确值得回忆，他有资格为此骄傲。最后，他简要地询问了卡贝利斯的经历，然后叫来副总裁说："我认为这就是我们需要的人"

卡贝利斯先生大费周折地研究未来雇主的成就，表现出对他的强烈兴趣，他还鼓励对方更多地谈论自己——这一切都给老板留下了美好的印象。

在与人交谈中，我们要做到多给别人说话和表现的机会，这会增加对方对你的好感。多给别人说话的机会，这不仅是对对方的尊重，同时也是给自己一个思考的余地。要知道谈话不是演讲，不是个人表演的独角戏，而是双方交流的活动。在谈话中，只以自己为中心，好像他人都不存在似的，长久下去，必然会令人生厌。所以在与他人交谈时，给对方创造说话的机会，要比我们自己说好得多。

一个商店的售货员如果拼命地称赞自己的商品怎样好，而不给顾客说话的机会，就很难做成这位顾客的生意。因为你巧舌如簧、天花乱坠地说话，顾客顶多只把这看作宣传，绝不会因此购买。反过来，你只有给顾客说话的余地，使他对商品有询问或批评的机会，双方形成讨论和商谈，才有可能做成生意。

机械工业部所属的某大学，准备建立一座现代化的电教大楼，一些厂家得知这一消息后，纷纷上门，希望该校负责设备采购的张教授购买他们的产品，有的一个劲地向张教授介绍他们厂的产品如何如何好；有的销售人员还暗示，如购买他们厂的产品，可以从中得到一笔可观的回扣等，而A厂的王主任却采取了与众不同的方法，他给张教授写了一封信，内容大致如下："尊敬的张教授，我们知道您是电化教学仪器设备的专家，今天写信打扰是因有一件事希望您能帮忙，我们厂最近生产了一套电教方面的设备，在投入批量生产之前，我们想请您指导一下，看看哪些地方尚需改进。我们知道您的工作很忙，因此很乐意在您指定的任何时间，派车前往迎接。"接信后，张教授感到十分荣幸，感觉到了自己的重要价值。他立即给王主任回信：本周末愿意前往。在王主任陪同下，张教授仔细观察、试行、操作了该厂的产品，最终，只在一些小细节上提出一些改进意见。回校三天后，厂里接到张教授的来信："经研究决定，我们将购买贵厂的电教产品。"

王主任谦虚地请教张教授，让张教授自觉自愿选购，同时在产品中融入张教授的智慧，从而获得销售的成功。

征服人心其实很简单——不当话痨，把话语权多留给别人一些，你就拥有了更多成功的可能。说话不是说给自己听，而是说给别人听。我们不能只顾自己说话，而忽视他人的感受。如果不顾他人的反馈，不给他人说话的机会，即使你说得再好听，也全是无用的废话。所以，如果你想改变自身的状况，那么就从现在开始，把话语权多留给对方。

注意倾听，找到合适的机会再插话

在倾听他人说话的过程中，插话和提问都要恰到好处。在适当的时机插个话，就是对对方的一种鼓励，对方受到鼓舞，才会更放得开继续讲下去。

在交谈中，我们每个人都有发言权。但不等别人把话说完就随意插话，打断对方的行为不仅是没礼貌的，而且还会削弱别人的兴致，打乱别人的思路，引起他人的反感。所以，我们在发表自己的意见之前，要注意倾听，找到合适的机会再插话，这是给人留下良好印象的有效方法之一。许多人没有给人留下良好印象，就是因为他们不注意听别人讲话，没找到合适的机会插话。

　　某校高三要召开家长会。课间，几个同学围在一起聊了起来。有一男同学发牢骚说："每次开完家长会，我就很受伤，老师批评，爸妈抱怨。我看，这家长会是老师联合家长整治学生的机会，是打压成绩相对靠后的同学的会议！"

　　恰巧，班长听到了这种消极、错误的言论，想对他晓之以理，予以纠正，但听到他还在滔滔不绝地陈述着自己的观点，班长便按下了话头。等那位男同学把牢骚话倾吐完，趁他话语停顿的间隙，班长插话道："我的看法恰恰相反，我认为家长会是老师与家长直接交流的一次机会，是学生进一步赢得家长在学习方面支持的契机啊！就说上次开家长会吧，老爸回去跟我交流了半个多小时，从那以后，安排我补课的次数减少了，让我自主学习的时间增多了。"

　　那个男同学找不到更好的理由反驳，便妥协："是啊，总的来说家长会是利大于弊的，我刚才的意思是……"

　　班长对男同学消极错误的观点是持反对态度的，但并没有直接截住话头进行反驳，而是趁他把话说完后，才插话亮出自己的观点。试想一下，如果他贸然打断，立即亮明反对态度的话，男同学定会对他这个半路杀出来的程咬金产生反感，甚至对观点持抵触心理。可见，利用有利时机，在谈话时把自己的话插入正题之中是件很重要的事情。

　　在倾听的过程中，我们应该懂得把自己的话插进去，来引导或激起对方的谈话兴趣，这样有助于交谈达到最佳的效果。

插话的技巧有以下几种。

1. 细心倾听。

一般来说，在插话之前，应首先静静地在一边细心倾听，以便弄清别人谈话的中心思想。然后，方可有的放矢，顺水推舟，接上话茬儿。

2. 把握插话的时机

当谈论双方谈兴正浓，滔滔不绝时，这时要插话，只能静等时机。每个人叙述事情、论证观点和看法时都有自然的停顿和间歇，这就是你选择插话的时机，这时，可以对讲话者说："我插一句"，或者说："请允许我补充一点。"然后说出自己的意见。这样的插话不宜过多，以免扰乱对方的思想，但适当有一点，可以活跃谈话气氛。

3. 顺题立意

插话的目的是表明观点。如果没听明白别人的谈话而抢插，乱下结论，以显示自己的高明，就是不尊重对方。插话应顺应对方话题展开，如果要转移话题，就应先肯定对方，用"不过""但是"等过渡，这样会避免对方误解。

4. 注意对方的提示

谈话者既希望有人听，又希望别人对自己的讲话有一定反应。这种愿望的表示方法多为询问式，如"您觉得如何？""不知您有什么高见？""能请您谈谈吗？""我很想听听您对这个问题的看法。"这都为插话时机的选择提供了条件。

5. 消除对方的顾虑

当对方在同你谈某事，因担心你可能对此不感兴趣，显露出犹豫、为难的神情时，你可以趁机说一两句安慰的话。

6. 察言观色

如果交谈时碰到谈话的双方因为观点不一、意见相左而锋芒毕露、你争我斗时，我们这时的插话不应为进言，而应为平息"战火"。而且不要随意插话，否则，往往会使一方误解你偏袒另一方。此时，你可以把握他们言谈中停歇的时刻，巧妙进言——"两位滔滔不绝，辛苦了，让我来给你们讲个故事吧。"这样则可以转移他们的争论焦点，引导他们找到另外的谈话主题。

7. 疏导对方的情绪

当对方由于心烦、愤怒等原因，在叙述中不能控制自己的感情时，你可用一两句话来疏导对方。"你一定感到很气愤。""你似乎有些心烦。""你心里很难受吗？"说这些话后，对方可能会发泄一番，或哭或骂都不足为奇。因为，这些话的目的就是把对方心中郁结的一股异常情感诱导出来，当对方发泄一番后，会感到轻松、解脱，从而能够从容地完成对问题的叙述。值得注意的是，说这些话时不要陷入盲目安慰的误区。不应对他人的话做出判断、评价，说一些诸如"你是对的""他不是这样"一类的话。你的责任不过是顺应对方的情绪，为他架设一条输导管，而不应该火上浇油，强化他的抑郁情绪。

总之，在谈话中插话，主要是为了能让对方继续说下去。由于面对的情况和场合不同，在插话时也要使用不同的方法。

第八章
职场妙语，与领导沟通的技巧

对待不同性格的领导，采取不同的说话方式

与领导沟通交流，是一门很深的学问。你如果能与领导之间保持畅通的交流，工作起来就会更得心应手。

把工作做好的前提之一就是你必须了解你的领导，领导的工作风格、态度、习惯以及领导本身的优缺点，这些都将直接影响你的工作方式，甚至是工作进展。所以了解领导更有助于你与领导沟通顺畅。

徐文远是名门之后，他幼年跟随父亲被抓到了长安，那时候生活艰难。他勤奋好学，通读经书，后来官居隋朝的国子博士，越王杨侗还请他担任祭酒一职。隋朝末年，洛阳一带发生了饥荒，徐文远只好外出砍柴维持生计，凑巧碰上李密，于是被李密请进了自己的军中。李密曾是徐文远的学生，他请徐文远坐在朝南的上座，自己则率领手下士兵向他参拜行礼，请求他为自己效力。徐文远对李密说："如果将军你决心效仿伊尹、霍光，在危险之际辅佐皇室，那我虽然年迈，仍然希望能为你尽心尽力；但如果你要学王莽、董卓，在皇室遭遇危难的时刻，趁机篡位夺权，那我这个年迈体衰之人就不能帮你什么了。"李密回答说："我谨听您的教诲。"

后来李密战败，徐文远归属了王世充。王世充也曾是徐文远的学生，他见到徐文远十分高兴，赐给他锦衣玉食。徐文远每次见到王世充，总要十分谦恭地对他行礼。有人问他："听说您对李密十分倨傲，对王世充却恭敬万分，这是为什么呢？"徐文远回答说："李密是个谦谦君子，所以像郦生对待刘邦那样用狂傲的方式对待他，他也能够接受；王世充却是个阴险小人，即使是老朋友也可能会被他杀死，所以我必须小心谨慎地与他相处。我察看时机而采取相应的对策，难道不应该如此吗？"等到王世充也归顺唐朝后，徐文远又被任命为国子博士，受到唐太宗李世民的重用。

徐文远之所以能在隋唐乱世中保全自己，屡被重用，就是因为他针对不同的人有不同的应对之法，懂得灵活处世，懂得见什么人说什么话。

在现实生活中，对于不同性格的领导，我们也要具体分析，区别对待，对症下药。

那么与不同类型的领导应如何沟通呢？

1. 热情型的领导

如果你遇到一个性格豪爽的领导，应该说是一件值得庆幸的事。只要你能表现出你的能力和过人的工作成绩，绝对不用担心没有发展的机会。在与这样的上级交谈时，要保持受宠不惊的常态，采取一种不即不离的语气。要尽量直接明了，因为这样的人最讨厌拖沓冗长。但这并不意味着他考虑问题简单化。豪爽的上级往往心胸广阔，允许你在开始的阶段有一个适应过程，并且会原谅你的过失，而你也应当努力培养说话简单明了的表达能力。

2. 妥协型的领导

这种类型的领导耳根子软，他可能很容易接受你的建议，但同时又可能受别人的影响而动摇。这时，你除了多向领导阐明你的观点以外，还可让持相同观点的其他同事向领导进言，支持你的观点或计划。

3. 集权型的领导

集权型的领导对下属的工作会吹毛求疵。

面对这样的领导，充实自己是最重要的，所以充分利用业余时间是十分有必要的。坚持原则，即使领导利用超时工作来制裁你，也不必惧怕。不过，你反抗的目的只是要争取自由和主动，而非在公事上与领导作对，而且不宜在其他人面前批评领导的集权。

4. 虚荣心强型的领导

这种类型的领导最喜欢听赞美之词。他们喜欢旁人对他歌功颂德。与这种类型领导相处时，不要去揭穿他的伪装，更不要当众给他难堪，要尊重他的所作所为。你可以多留意领导的衣饰打扮、言行举止，抓住机会，就其长处，表达心中的好感。只要你是善意的，不是虚伪的赞美，领导就会很高兴与你沟通。

5. 不体谅下属型领导

这种领导不仅从不知体谅下属工作的辛苦，反而还认为下属不认真工作。

面对这样的领导，我们应该向领导直接表态。不过要先分析对方的性格并预计其反应。对思想保守、自尊心强的领导，切勿开门见山，只能婉转相告。若领导比较开放，胸襟较宽广，不妨约一个时间，将你的心里话一一坦言，相信不难找到一个解决办法。

6. 健忘型的领导

这种类型的领导健忘，明明在前一天讲过某一件事，可两三天后，他却说根本没讲过，或者在前一天他讲的是这个意思，过了两三天，他却说是那个意思。他常常颠三倒四，也常常丢三落四。应对这样的领导，我们应该这样做：当他在讲述某个事件或表明某种观点时，你可装作不懂，故意多问他几遍，也可提出自己不同的看法，以引起讨论来加深领导的印象。在最后，还可以对领导的陈述进行概括，用简短的语言重复给领导听，让他也牢牢记住自己曾表的态。

7. 脾气暴躁型的领导

这种类型的领导生性脾气不好、易发火。做事讲求效率、雷厉风行，对慢吞吞的工作作风恨之入骨。因此，在这种类型的领导手下做事时，对他分派给你的工作，要立即行动，并及时向他汇报工作进程。当他对你大发脾气时，你最好克制自己，先不要着急，更不要试图解释，要经过冷静的思考后告诉他你以后会注意，会按他的要求去做。

8. 模糊型的领导

这种领导在布置工作任务时含含糊糊、笼笼统统，从来没有明确过具体的要求。有的既可理解成这样，又可理解成那样；有的前后互相抵触，下属根本无法操作和实施。为了避免日后不必要的麻烦，当你在接受任务时，一定要详细询问其具体要求，并想方设法诱导其有一个明白的判断。必要时，可采用提供语言前提的方法，如："您的意思是……"让领导续接，或者用猜测性判断让领导回答，如："您的意思是不是……"当领导有了一个比较明确的判断之后，应立即向领导重复几遍加以强化。

9. 八面威风型的领导

这种类型的领导处处显示自己的威风，喜欢下属凡事都向自己请教，喜欢让下属服从他，把自己像神一样看待，认为下属只能依赖他，因为只有这样才能显示出自己的能力。与这种类型的领导相处，无论大事小事都要向他请教，做事时要谦虚谨慎。

总之，每个领导的性格都不尽相同，你要知己知彼，做到心中有数，才能达到和领导融洽相处的目的，并让他欣赏你。

真诚赞美，赢得领导的好感

赞美是人们对美好事物、美好行为的褒扬性评价。美国著名作家、幽默大师马克·吐温曾说过："一句赞美的话能当我十天的口粮"。得到别人的赞美是每个人内心都非常迫切的需求之一，恰到好处地赞美别人，自然也会得到别人的热切回应。

事实上，在人际交往中，没有谁会对别人的赞美无动于衷，领导也不例外。作为下属，我们应该学会赞美领导。

某杂志社要拍摄一些照片，并从其中选择一张作为下期杂志的封面。照片传到电脑上，大家来回翻看着，发现这次的拍摄手法很活泛，20多张照片几乎没有类似的，风格迥异、造型多样，让人一时挑花了眼。进行讨论的时候，大家的意见也空前相左，几乎每一个人都有自己偏爱的那一张。

张总一直在旁边没有发言，听完大家陆陆续续的想法之后，他指着很不起眼的一张照片问："大家觉得这张怎么样？"员工们一看都有些茫然：这张并不好看哪，只有一棵光秃秃的树，树上坐一位肌肤粗糙的老者，睁着两只浑浊的眼睛看着镜头。周蕊首先表示不解："张总，咱们这期封面的主题是创新，您何以看好这张照片呢？"张总听了没有回答，而是问其他人的意见。这时，有几个员工大胆发表了对张总建议的反对。张总没有生气，而是认真地听着。

小赵突然站起来，高声说道："张总，您的眼光真是太独到了！您选这张表面看上去'老态'的照片做封面，让不可能的事情——这位老人不可能独自爬上那棵高大的树——真实出现在我们的封面上，这本来就是对惯常思维的一种挑战。并且，这种格调的老照片很少被用来呼应创新的主题，这张照片会带给人们强烈的视觉冲击力。相信这一期的杂志光是凭封面就能吸引很多人！张总，姜还是老的辣，还是老的辣啊！我真是自愧不如！"说完，做了一个自愧不如的抱拳手势。张总那张原本没有表情的脸，此刻早已浮现了喜悦。

得到他人的肯定和尊重是所有人的愿望，领导也不例外。小赵的赞美之词并不多，只在开头和结尾用了那么几句做点缀，而整段话都在解释张总的选择为什么正确。这种赞美将领导的长处全部表现了出来，但却没有太多媚俗的言辞，既具有真实性又达到了夸赞的目的，试问哪个领导听了不会心花怒放呢？当然，面对如此了解自己、支持自己的员工，张总日后对小赵一定会另眼相看。

赞美领导是一门需要深入学习的艺术。适度而恰当的赞美能赢得领导的好感，言过其实的赞美只会引起领导的不满。因此，在赞美领导时，要做到含而不露，让领导在你的赞美中对你产生良好的印象。

赞美是一门微妙的艺术，下属赞美领导时，需注意以下几点。

1. 赞美领导要不卑不亢

有人认为活着就是为了升官发财、光宗耀祖，因此要借助别人尤其是领导的力量，而溜须拍马是最容易赢得领导青睐的方法，因此不择手段，以丧失人格和尊严为代价换取一时的利益。这种做法实在不可取，这也是与领导相处的忌讳。

不卑不亢是称赞领导的原则，这会赢得领导的好感。

2. 赞美领导要恰到好处

当你发现领导有了值得赞美的地方，就要及时大胆地表达出你的赞美，千万不要错过机会。同时当你看到领导取得成绩时，要立刻送上由衷的赞美，这样锦上添花的话会令人万分欣喜。

3. 赞美领导要有针对性

要选择领导最喜欢或最欣赏的事和人加以赞美。卡耐基说："打动人心的最佳方式是谈论他最珍贵的事物，当你这么做时，不但会受到欢迎，而且还会使生命扩展。"切忌对无中生有的事加以赞美，若你这样做，会使人们感觉到你是在溜须拍马，让人心生厌恶感。

另外，不要在赞美领导的同时赞美他人，除非他是领导最喜欢的人。即使这样，你在赞美他人时也应掌握一个尺度。

4. 赞美领导要实话实说

溜须拍马的另一个特点就是说谎话、说大话、脱离事实，在外人看来更是可笑至极。赞美必须是由衷的，虚情假意的恭维不但收不到好的效果，甚至还会引起对方的鄙夷及厌恶。

哪个领导也不傻，他们知道自己的优缺点所在，如果有人胡乱奉承，他们也不会胡乱接受。即使表面上像是接受了，而实际上也能够分辨出谁在胡言乱语，谁是忠诚踏实。

5. 赞美要具体化

赞美有一个基本原则，就是在既有事实的基础上做适当夸大，但一定要有实际内容。不能单纯是一堆形容词的堆砌，否则空洞无物的赞美很容易被人怀疑你用心不良。更不能用凭空捏造的丰功伟绩来赞美领导，因为领导会认为这是在讽刺和挖苦他。比如你赞美一个领导领导有方，不能单纯地说他善于管理，可以从细节入手，例如"我刚来公司的时候，看到门卫和前台都兢兢业业的，不知您平时是怎么领导他们的？"

6. 以公众的语气赞美领导

领导固然想知道自己在个别下属心目中的形象，但他更关注的是自己在大家或公众心目中的声誉。一个人的赞扬只能代表称赞者本身对领导的看法，而一般的领导都明白一个道理，一个人说好不算好。高明的称赞加上公众的语气，以公众的目光来称赞领导，并把自己的赞美融入其中不失为一种好的称赞方法。

以公众的语气称赞领导，代表的是同事集体的一致的看法，不仅可以避免同事的妒忌和非议，而且还把同事的好的看法传达给领导，可赢得同事的尊重。在领导看来，这样的赞美不含个人的动机，代表大家的意见，不是溜须拍马，领导自然而然容易接受。

以公众的语气称赞领导必须符合实际，真正代表大家的共同看法，否则就与拍马溜须混淆不清了。如果大家实际上对领导的某一做法不满意，而你谎称"大家一致认为您的做法很好",不仅欺骗了领导,也欺骗了大家,最终会引起大家对你的不满。

7. 给领导意料之外的赞美

听到出乎意料的话,人们常常会"惊"一下,在赞美领导中利用这点更可以达到满意的效果。一个领导可能听惯了"工作认真"与"管理有方"等赞美。你不妨夸他是一个"好爸爸"或"球打得好""歌唱得好",剑走偏锋往往会出奇制胜。

8. 适度指出领导的变化

有的时候,关注别人就已经是一种赞美了,那表示对方在自己心中很重要,自己在时刻关注着对方的变化。如果领导换了一件新衣服,你就可以表达出你的赞美,因为人人都喜欢被别人关注的感觉。

总之,赞美是一门功夫,里面的名堂可不少。把握好赞美领导的分寸需要我们在生活中多用心、多总结,以赞美为主要手段,辅以人际沟通的其他技巧。只有这样,你的赞美功夫才能达到炉火纯青的地步,既没有阿谀奉承之嫌,又能让领导开心,从而准确恰当地运用它来达到我们与领导良好沟通的目的。

掌握方法,及时向领导汇报工作

汇报工作是向领导反映情况,求得指导和帮助的重要方法,也是展示本部门成绩、工作能力和水平的重要机会。汇报得好,领导自然就会满意,就会对你或你部门的工作给予肯定，或对你提出的问题引起应有的重视，进而使你能够从中受到鼓舞，增强进一步做好工作、战胜困难的信心。

有很多下属在日常工作中，经常会有这样的困惑：自己工作能力超群，工作做得很到位，但却始终得不到领导的信赖。究其原因就在于这样的下属没有及时、主动地向领导汇报工作，没有做到让领导随时了解你的工作进程、工作情况等。

一般来说，在下属和领导的关系中，领导总是处在主导的地位。换句话说就是，下属的命运在很大程度上是由领导决定的。作为领导，他们都渴望随时了解下属的工作动向。在这种关系中，下属要想取得领导的信赖，不但工作要努力积极，凡事还要随时向领导多汇报。勤于向领导汇报你的工作，是你成功获得领导信赖的重要途径，也是让领导重视你的好方法。

张利民的业务能力在公司是有目共睹的，工作总是高效高质地完成。可是好几年过去了，他依然做着小职员的工作，原地踏步，领导根本没有提拔他的意思。对此，张利民十分苦恼。后来在和领导一次偶然的谈话中，他才知道，领导不重视他原来是因为他平日里不善于汇报和总结工作，这导致他虽然工作能力出色却得不到赏识。领导最后语重心长地告诉他："只有经常汇报工作，和领导多沟通，才能让领导了解你。"

由此可见，及时地汇报工作，可以加强领导与自己之间的联系。领导安排了工作，他自然就需要结果，特别是已经交代了时间的，到了完成的结点，甚至过了一两天，你没有向他展示成果或者说明状况，他也没有过问。

对于他来说，可能因为太忙没时间，也可能觉得这是你职责内的事情无须过问。而你没有汇报就显示出了你对工作的轻视，对领导的不尊重。

在日常工作中，千万不要忽视随时向领导汇报工作的重要性，因为它能让领导认为你是一个能解决问题的人。你应该把每一次汇报工作都尽量做得完美无缺，让领导对你的信任和赏识慢慢加深。

当然，向领导汇报工作也是有技巧的。一次好的工作汇报，能让领导肯定你的成绩，对你刮目相看，相反，领导则会无情地否定你的工作成绩，甚至低估你的工作能力。因此，掌握一些汇报工作时的技巧就显得至关重要。

无论是做口头的汇报，还是书面的汇报，都需要注意以下几个问题：

1. 梳理汇报工作

向领导汇报工作之前，应将汇报的工作仔细梳理一下。在汇报工作前，如果你不事先理清自己的思路，你就难以有条理地把自己做过的工作向领导汇报清楚。因此，汇报工作之前，必须先打腹稿，即先在脑海中把要汇报的问题以提纲的形式，列出一个分条目的小标题，记在心中，在汇报时逐条道来。当然，你也可以把这些提纲写在小本子上，作为向领导汇报工作时的备忘录。只有充分做好汇报准备工作，才能确保汇报时有的放矢。

2. 选择汇报工作的时机

汇报工作要根据领导工作情况事先约定，按约定好的时间进行汇报。领导也可根据其他工作的相关进程进行指导。

3. 创建融洽的汇报气氛

向领导汇报工作要先营造有利于汇报的氛围。汇报之前，可先就一些轻松的话题做简单的交谈。这不但是必要的礼节，而且汇报者可借此机会稳定情绪，理清汇报的大致脉络，打好腹稿。这些工作看似寻常，却很有用处。

4.实事求是

向领导汇报工作，无论怎么切入，怎么加工润色，都必须本着认真负责的态度和实事求是的精神，一定要把汇报工作建立在实事求是的基础之上，绝不能凭主观想象随意编造，更不能弄虚作假欺骗领导。这既是职业道德问题，也是个人道德问题。

5.注重汇报工作的前后顺序

领导不喜欢一开始就听到一大堆的工作上的困难和麻烦。所以，汇报工作，特别是汇报综合性工作（如月度工作汇报等）时，宜先汇报已完成的工作（量化的阶段性成果或取得的成绩），再提出存在的难点工作（未取得进展的工作），最好有自己的解决思路和建议。

6.汇报要突出重点

在汇报中，不可什么都讲得非常细致，要把主要的工作汇报好，突出自己的特色、优势，即突出重点工作。也就是要把领导关注的、需要了解的情况汇报清楚，把当前正在做的工作汇报清楚，把自己开展工作的闪光点汇报清楚。只有重点分明，才能达到汇报工作的目的和意义。

7.及时汇报不好的消息

对不好的消息，要在事前主动报告。越早汇报越有价值，可以及早采取相应的应对策略以减少损失。遵循这样一个原则：尽量在领导提出疑问之前主动汇报，即使是要很长时间才能解决的问题，也应该有情况就报告。在工作不能按原计划达到目标的情况下，应尽早使领导知道事情的详细经过，这样下属就不至于被责问了。

8.汇报结束后的礼节

当你向领导汇报完工作之后，不可以马上一走了事。聪明人的做法是：

主动恭请领导对自己的工作总结予以评点。这也是对领导的一种尊重和对领导比你站得高、看得远、见识多的能力的肯定。如果上级谈兴犹在，不可有不耐烦的肢体语产生，应等到领导说结束时再告辞。告辞时，要整理好自己的材料、衣着与茶具、座椅，当领导送别时要主动说"谢谢"或"请留步"。

总之，一名优秀的员工必然是一位善于汇报工作的员工，因为在汇报工作的过程中，他能得到上级领导对他最及时的指导，使其更快地成长，同时在汇报工作的过程中，他也能够与上级建立起牢固的信任关系。

主动沟通，化解与领导的误会

在工作中，上下级之间难免会产生一些摩擦和碰撞，引起误解。这时候，作为下属如果处理不好，就会加深矛盾，甚至导致双方的关系彻底破裂。遭遇这样的尴尬事情时，必须控制好自己的情绪，先冷静下来，然后再机智地化解矛盾。

刘敏大学毕业后到了一所中学教书，工作将近一年了，口碑还比较好。但她感觉校长看她总是不顺眼。

一个月前，刘敏被校长莫名其妙地批评了一顿，事后才知道，是因为有一件事没做好。可是刘敏知道是校长误解了她，于是她赶紧找校长解释，校长却冷冷地说："肯定是你做的，你诬陷别人做什么？"刘敏心里直嘀咕："明明不是我，为什么偏赖我？"急得眼泪都掉了下来。可是校长却说："你看你，这么脆弱，说几句就这样。"

刘敏觉得很委屈，也一直想不通校长为何不听自己的解释而继续误解自己。她因此更加小心，生怕又出纰漏而惹校长不高兴。然而，偶尔觉得委屈的时候，她也私下向关系比较好的同事倾诉心中的苦恼，同事劝她再找校长好好沟通一下。

于是刘敏鼓起勇气又去找校长，把事情的每一个细节都跟校长讲清了，最后刘敏说："如果校长认为是我的错，那我也无话可说，我一定会负起责任。"校长见她这么真挚，便相信了她。

被领导误解难免会在我们心里留下阴影，有些员工因为被领导误解就四处抱怨，这样势必会影响工作，导致积极性降低，并且会令自己处于更消极的状态。所以，当我们被领导误解的时候，我们要去积极地面对这个问题。

一般来说，下属与领导产生误解的原因是上下级之间信息沟通不畅。由于下属和领导间缺乏足够的交流，彼此对对方的情况没有一个较为清晰的认识，判断时容易加入一些主观因素，这就导致对对方的不客观认识和推测。

那么，一旦你的领导误解了你，你如何做才能既澄清自己的清白，又同时不伤及领导的面子呢？

领导误解了下属，有其主观上的原因，更有客观上沟通不足的原因。领导处于一个中枢性的岗位，事务繁重，责任重大。他只能通过人事档案、他人的汇报、平时的印象、特殊考验等渠道对你有所了解，但一般而言，他不会主动去找你进行沟通。这样，领导便缺乏了对你全面、直接和理性的认识，容易受他人意见的影响、本人直觉的左右和主观判断的影响，从而对你的言行产生认识偏差。

下属对待领导的误解最明智的态度就是：及时、主动地去化解它，不能让它成为领导的定性之见，更不能消极回避和等待。

那么如何处理领导的误解呢？

1. 主动找领导沟通

不少人当与对方吵架之后，双方谁见了谁也不愿先开口，实际上双方内心却都在期待对方先开口讲话。所以，作为下级与领导产生隔阂后，应及时主动地与领导热情打招呼，以消除冲突所造成的阴影，这样会给领导或公众留下一种不计前嫌、大度处事的印象。不要有侥幸心理，见面憋着一股犟劲不搭腔不理睬，昂首而过，长期下去，矛盾就会像滚雪球般越滚越大，双方势必会形成更大的隔阂，如此再想和好困难会更大。

2. 找人从中解释

当与领导之间产生误解时，找一些在领导面前说话有影响力的"和平使者"做一些调解说服工作，不失为一种行之有效的策略。尤其是当事人自己碍于情面不能说、不便说的一些话，通过调解者之口一说，效果极明显。调解人从中斡旋，就等于在上下级之间架起了一座沟通的桥梁。但是，调解人一般情况下只能起到穿针引线作用，起决定性作用的还是要靠当事人自己去进一步解决。

3. 在电话中解释

打电话解释可以避免双方面对面的交谈所带来的尴尬，这也正是电话的优势所在，打电话时要注意语言亲切自然，不管是由于自己的鲁莽造成的误解，还是由于领导心情不好引发的冲突，都可利用这个现代化的工具去解释，或者换个形式利用书信的方式去谈心，把话说开，求得理解，达成共识，这就为恢复关系初步营造了一个良好的开端，为下一步的和好面谈铺平了道路，这里需要说明的是此法要因人而用，不可滥用，若领导平时就讨厌这种表达方式的话就应禁用。

总之，工作中被领导误解是经常的事情，我们要调整好心态，而不是从此一蹶不振，应找到合适的方式方法与领导沟通，让领导明白你的工作态度和良苦用心。和领导争辩永远是徒劳的，只有沟通，才能消除误解。

巧妙地提建议，让领导欣然接受

在职场中，我们常常需要向领导提出自己对所从事的工作的一些看法和一些对工作或业务发展的建议。有些人在表达自己的看法或者建议的时候，常常因为在语言的表述上有不妥之处，让领导对自己颇有微词，从而致使自己的一些看法或建议不容易被领导认可，更严重的话，还有可能使领导对自己产生一些偏见，使自己在单位中的处境变得不乐观。其实，对领导提意见是一件极需要技巧的事情。

小王、小黄和小李是大学同学，毕业后，3个人同时到一家大公司的市场部应聘，听命于同一位老板。3人工作能力和表现都不错，两年以后都成了部门骨干。可是3个人在工作风格上有一个最大的不同，那就是当领导的决策出现问题时，小王就会置若罔闻，采取隔岸观火的态度；而小黄往往会直言不讳地当着众人的面向领导指出来。如果领导安排的事情有明显的错误，小黄甚至会不去办。小李则完全不同，当他觉得领导的决策有问题的时候，他会先私下给领导写一封邮件，指出领导的错误，表明自己的想法。如果领导坚持，他也能认真去实施，尽量达到领导的要求。即使失败，他也主动承担自己那部分责任，从来不在众人面前抱怨领导。3年过去了，公司人事变动，领导毫不犹豫地提拔了小李。

由此可以看出，在工作中，给领导提出有效意见是十分必要的。但对于领导来说，他也有他的自尊和权威，绝不容外人任意侵犯。即使他错了，也绝不容他的下属使他面子扫地。所以，向领导提建议时一定要把握分寸，不可鲁莽。

在某公司的一次例行会议上，小陈对经理关于产品质量问题的处理不是很满意。在经理征求大家意见的时候，小陈说："经理说得对，在产品质量方面，我们的确应当给予充分的重视，这是解决问题的前提之一。我认为，除此之外，我们还应当加强全体员工的质量意识。现在我观察到公司员工的质量意识并不强，工作中有疏忽大意的倾向，这股风气必须消除，否则质量问题是很难得到彻底解决的。我想，如果我们对各级员工都进行质量意识培训，员工看到公司上层如此重视，自然也就重视起来了。如果真能这么做的话，解决这个问题是不费吹灰之力的，公司也能以更快的速度发展。"

听了这番话，经理不断点头，采纳了小陈的意见，并对他的这种敢于提意见的行为给予了肯定。

提建议时，不要急于否定领导原来的想法，要多注意从正面有理有据地阐述你的见解。要懂得尊重他人意见，尊重领导意见。这样，他才会容易接受你的意见。

在职场上，为了把工作做得更好，与领导沟通、给领导提意见是非常必要的，但要掌握一定的技巧，否则就可能引火烧身。这是因为反面意见常常指明了领导的缺点和错误，这对于领导来说很没有面子。因此，多数领导一般不愿意听取反面意见，有时甚至会反感。那么，如何表达才能既让领导接纳你的意见，又让他觉得你不是在故意与他作对或者不给他面子呢？在给领导提建议时，应注意以下几点：

1.态度要诚恳

给领导提建议时，说话的态度一定要诚恳，要注意敬语的运用，委婉地把自己的意见表达出来。因为你的坦率和诚意，即使领导不完全赞同你的观点，也不会影响到他对你个人的看法。

2.时机要适当

领导再能干也是一个普通人，所以你要照顾他的心情，选择合适的时机提建议。一般早晨刚上班，领导心情好，谈话效率较高。下班前，他忙碌了一天，心情极其烦躁，此时不易于提建议。

3.从公司的利益出发

领导能否接受你的意见，一方面要看你的意见是否合理，另一方面要看你的意见是否对公司有利。所以在阐述的时候，应该多强调公司从中可以获得的利益。

4.选择合适的场合

对领导提意见，不应该在公共场合，这样不仅有损领导的面子，而且成功率也很低，应该选择在领导的办公室或私人场合等。

5.不要全盘否定

领导制定了一个方案，肯定是对此方案很满意的，因此在与领导提意见时，要先在肯定领导的方案的前提下，对某些局部问题提出商讨。采取先赞同后否定的措施，让领导觉得你们是沿着共同的目标前进，只是想把方案做得更加完美，任务完成得更加出色，这种方式不仅容易接受，领导也会对你刮目相看。

6.抓住领导的心理对症下药

说服领导时，首先应该抓住领导的心理，这样才能对症下药。你可以从领导的"心腹"那里了解领导的想法和内心的需要。换位思考，站在领导的角度想一想，如果你碰到这种问题会怎么想？多向领导提问，从他的回答中了解他的真实想法和性格特点。性格倔强的领导其观点很难改变，需要一些刺激；而性格温和的领导往往需要采用迂回的方式进行说服。

总之，对领导提意见一定要讲分寸、讲技巧，这也是一门很深的学问，学好这门学问，你和领导的关系才会更加融洽。掌握良好的提意见方式，领导不仅不会反感你，反而会认为你很有思想，很有才华。

巧妙帮领导解围

　　所谓解围，就是解除窘境或者困境，也就是俗话说的"打圆场"。领导并不是神仙，他们也有失误、犯错误的时候，这时就需要你巧妙替领导解围，或是利用自己的灵敏机智让领导从僵局中摆脱出来。无论哪个领导都喜欢善于给自己解围的员工，如果你在关键时刻为领导解围，你就能够赢得领导的赞赏。

　　慈禧太后爱看京戏，常赏赐艺人一点东西。一次她看完京剧名角杨小楼的戏后，把他召到眼前，指着满桌子的糕点说："这一些赐给你，带回去吧！"

　　杨小楼叩头谢恩，他不想要糕点，便壮着胆子说："叩谢老佛爷，这些贵重之物，奴才不敢领，请……另外恩赐点……"

　　"要什么？"慈禧心情不错，并未发怒。

　　杨小楼又叩头说："老佛爷洪福齐天，不知可否赐个字给奴才？"慈禧听了，一时高兴，便让太监捧来笔墨纸砚。慈禧举笔一挥，就写了一个"福"字。

　　站在一旁的小王爷，看了慈禧写的字，悄悄地说："福字是'示'字旁，不是'衣'字旁！"杨小楼一看，这字写错了，若拿回去必遭人议论，岂非是欺君之罪？不拿回去也不好，慈禧太后一怒就要了自己的命，要也不是，不要也不是，他急得直冒冷汗。

气氛一下子紧张起来，慈禧太后也觉得挺不好意思，既不想让杨小楼把这字拿走，又不好意思再要过来。

旁边的李莲英脑子一动，笑呵呵地说："老佛爷之'福'，比世上任何'福'都要多出一'点'呀！"杨小楼一听，脑筋转过弯来，连忙叩首道："老佛爷福多，这万人之上之福，奴才怎么敢领呢！"慈禧太后正为下不了台而发愁，听这么一说，急忙顺水推舟，笑着说："好吧，隔天再赐你吧。"就这样，李莲英为二人解了围。

事实证明，解围是一种本领，那些善于为领导解围的人，会赢得领导的认可和信任，从而得到领导的提拔和赏识。

中国人爱面子，怕尴尬，怕下不了台。当领导处于尴尬之境时，我们用心一点，巧妙为领导解围。那些机灵的、会为领导解围的下属，格外容易得到领导的提拔。

小若是一家汽车用品报的业务员，她每天的工作就是到汽配城推销这份报纸，介绍报纸上的广告版面，为汽车用品商们提供一个对外宣传自己产品的平台。由于公司刚成立不久，这份报纸的知名度并不高。所以，她不得不从早到晚在外面和那些销售汽车用品的客户进行商谈。

有一次，她和一个客户进行了多次的沟通，客户本来已经拒绝了她，但由于她很坚持，依然耐心地为客户多方面地介绍这份报纸，客户被她的真诚打动，答应做一个小版面的广告。她对客户也非常感激，答应给客户一个最低的价格，为客户的产品做一个很好的宣传。

回到公司后，她把这个订单交给了经理，并讲明了价格是经过优惠的，和客户商量好的具体价格也做了说明，经理当时正在埋头写文件，点了点头，并示意她把订单放在桌子上。

后来，经理由于疏忽，在价格上并没有给客户优惠，他开出的价格比小若跟客户商讨的价格要多出很多。订单发给客户后，客户非常不满，打电话给小若抱怨了一番，并说要撤销订单。小若去经理的办公室询问，正好经理的秘书王芳也在。

小若讲明了自己的来意之后，经理脸上露出了一点尴尬。毕竟在经理身边工作久了，这一微妙的表情王芳看在了眼里。她瞬间明白了事情的原因，在小若还没有再次询问，经理还没有说具体原因前，王芳微笑着说：

"这都是我的疏忽，是我输入的时候输错了，真是对不起。这样吧，我去向客户解释。"

小若见事情有了交代，没有再说什么，礼貌地离开了经理办公室。就这样，王芳及时地化解了领导的尴尬。

金无足赤，人无完人。领导也会出现疏忽和错误，决策的失误、指挥的不当，经常会发生。作为下属，绝不要放大他的错误。在领导处于尴尬时，如果你在关键时刻为领导挽回面子，你就能够赢得领导的赞赏。

一般说来，时刻和领导保持一致并帮助领导解决难题的人，往往最终会成为企业的中坚力量，成为令人艳羡的成功人士。所以在工作中，你要当好领导的助手，不但要紧紧围绕领导的工作重点、难点和疑点，以及事业发展目标、任务、方向，竭尽全力开展工作，为领导出谋划策、出力打拼，此外还要端正自己的心态、摆正自己的位子，当好配角、做好助手，多做拾遗补阙、弥补完善的工作。

第九章

开口禁忌，注意说话的"雷区"

祸从口出，切莫逞一时口快

在与人交往的过程中，每说一句话之前，都要考虑一下你要说的话是否合适，不要口无遮拦，想说什么就说什么。人生的经验告诉我们：一定要管好自己的嘴巴，否则会祸从口出。

张三请了甲、乙、丙、丁4位朋友来吃饭。乙、丙、丁3人如约而至，只有甲迟到。

张三一边看着表，一边自言自语地说："该来的怎么还不来？"乙听了很不高兴地问："那么，我是不该来的啦？"说完就气哼哼地走了。

张三连连叹气："唉，不该走的又走了！"丙觉得张三弦外有音，暗想，既然乙不该走，那么是自己该走？他也不辞而别。

张三更急了："我又不是说他！"站在一边的丁再也忍不住了，暗想："既然不是说丙，那么只能是说我了。"他也悄悄地走了。

一会儿，甲来了，张三唉声叹气："不该走的都走了。"甲听了暗想，原来是我该走，于是也走了。

结果来的客人一位没剩，只留下了不知所措的张三。

与人交谈时，口无遮拦，很容易说错话，一旦说错了话，再想要补救是很难的。我们常说"三思而后行"，实际上，在和他人交流的时候，同样要做到"三思而后说"，嘴上要有个把门的，想好什么该说，什么不该说。所以，在与人交谈时，我们要注意自己的言语，尽量避开谈话的"雷区"，避免不必要的误会和冲突。

那么我们应该避开哪些"雷区"呢？

1. 不说揭别人短的话

公元前592年，晋国大夫郤克在访问鲁国之后，又与鲁国的大夫季孙行父一起去齐国访问。两人到达齐国后，又与卫国的使臣孙良夫，曹国的使臣公子手不期而遇。所以四位使臣结伴而行，一起到达了齐国的国都临淄。

非常凑巧的是，这四位使臣生理上都有一些缺陷：晋国的郤克只有一只眼睛，鲁国的季孙行父头上没长头发，卫国的孙良夫一条腿有残疾，曹国的公子手先天驼背。齐顷公在接见他们4位之后，回到后宫把这4个人的外貌向他母亲萧太后叙述了一番。萧太后好奇心特别重，非要去看一看不可。而齐顷公为了博得其母欢心，准备戏弄这4位使臣一番。他让人从城内找来一个独眼龙，一个秃子，一个瘸子，一个罗锅，分别对号入座为四位来宾驭车，定于第二天到花园做客。上卿国佐进谏：国家之间的外交不是儿戏，人家朝聘修好而来，我们应该以礼相待，千万不要嘲笑人家。可是齐顷公仗着自己国大兵多，别的国家对其无可奈何，遂不听劝告。第二天，当四位使臣在四位齐国仆人的陪同下，经过萧太后居住的楼台之下时，萧太后与宫女们启帷观望，不禁哈哈大笑。郤克起初见给他驭车的人也只有一只眼睛，以为是偶然巧合，没有在意，等听到嘲笑声后才恍然大悟，原来齐顷公在戏弄他们。

他草草饮了几杯酒之后，便同三国使臣回到馆舍。当他知道台上嬉笑的是太后后，不由得火冒三丈。其他三位使臣也愤愤地说："我们好意来访，齐顷公竟把我们当笑料供妇人们开心，真可恨至极！"于是四国使臣歃血为盟，对天起誓，决心协力同心，伐齐报仇。第二年，齐国借口鲁国归附晋国，出兵伐鲁，并顺手牵羊，在卫国边境地区捞了一把。晋国为了保住霸主的地位，来了个新账旧账一起算，汇集四国军队大举伐齐，打到临淄城下，最终逼迫齐国签订了盟约。

因戏客而引起了战乱，甚至差一点遭到灭国，教训很深刻，也发人深省。

俗话说得好，"打人不打脸，揭人不揭短"。要想与他人友好相处，就要尽量体谅他人，维护他人的自尊，千万不要有意无意地戳人痛处。所以，与人交谈时，应该照顾别人的感受，不要咄咄逼人。要学会体贴别人，善于施惠。

2. 不说别人的隐私

每个人都有自己的隐私，都不希望隐私被他人触及，不管对方同自己关系多么亲密。

小李长得高大英俊，在大学校园内有"恋爱专家"的雅号。如今他是一家外资公司的高级职员，英俊的长相和丰厚的薪水使他在众多的女性朋友中选上了貌若天仙的丽。也许是为了炫耀自己的能耐，小李带着丽去参加朋友聚会。

就在大家天南海北闲谈的时候，"快嘴"王换了话题，谈起了大学校园罗曼蒂克的爱情故事，故事的主人公自然是"恋爱专家"小李。"快嘴"王眉飞色舞地讲述小李如何吸引众多女生，又如何在花前月下与女生卿卿我我。丽开始还觉得新奇，但越听越不是味，终于拂袖而去。小李只好撇下朋友去追丽。

"快嘴"王不是有意要触及小李的个人隐私，但他的追忆往事确实使丽难以接受。这不仅使小李要费不少周折去挽回即将失去的爱情，而且使在场的人心里也很不高兴。

心理学研究表明：谁都不愿意将自己的短处或隐私在公众面前曝光，一旦被人曝光，就会感到难堪甚至恼怒。因此，在与人交往中，如果不是为了某种特殊需要，一般都应尽量避免接触这些敏感区，以免让人出丑。对于别人的一些短处或隐私，最好的办法就是不去打听和追问。

3. 不说别人忌讳的事

每一个人都有自尊，即使是最喜欢开玩笑的人，也不愿意别人拿他忌讳的说事。

小方被男朋友欺骗后，发现自己怀孕了。最近她做了人流手术后，身体虚弱，情绪也很低落，身体也消瘦了不少。隔壁的大妈知道了后就对她说："你老是这样下去可不行啊，当心再瘦脸都没有了。"

"脸都没有了？"这话是什么意思啊？姑娘虽然不好开口问，但心里很不高兴，因为她忌讳别人说自己未婚先孕。

实际上，这位大妈完全是因为关心小方才说这样的安慰话，然而却犯了姑娘的忌讳，不仅没能安慰她，反而还加重了她的思想负担。

4.不说伤人自尊的话

自尊心是一个人的底线。如果你认为自己的脸面重要，自己的自尊不容轻易侵犯，那就请你说话的时候同样重视和顾及别人的脸面和自尊。

有一个连队配合拍电影，因故少带了一样装备，延误了拍摄。营长火了，当着全连战士的面批评连长说："你是怎么搞的，办事这么毛躁，要是上战场也能装备不齐？"连长本来就挺难过的，可营长偏偏当着自己的部下狠狠批评自己，心里自然觉得很没面子，于是不由分辩道，"我没带是有原因的，你也不能不经过调查就乱批评！"营长一下懵了，弄不懂平时服服帖帖的连长怎么会这样顶撞他。事后，在与连长谈心时，连长说："你当着那么多战士的面批评我，我今后还怎么做工作？"

从这个事例中不难发现，假如营长是背后批评，连长不仅不会发火，还会虚心接受批评。营长错就错在说话没有注意时机和场合。

人人都有自尊心，人人都有好胜心。说话时，应处处重视对方的自尊心，不说伤人的话，特别是伤人自尊心的话。

不咄咄逼人，要得理饶人

在纷繁复杂的社会活动中，谁能保证自己不会和别人发生一些争执？谁又能保证自己事事处处都占理？只要没有根本的利害冲突，即便自己占理，也应让人三分，见好就收是关键。这不仅可以化解矛盾，还能够让彼此加深理解、增进友谊，对于建立融洽和谐的人际关系起到一定的促进作用。

小黄是一家装潢公司的广告部主任，有一次，他们给一家单位制作一个大灯箱。安装这天，客户单位的后勤处长王先生坚持要小黄的属下按照他建议的方案安装灯箱，结果灯箱安装到一半的时候，因为操作方法不当，灯箱摔在地上摔碎了，损失了1000多块不说，还差点砸到人。

小黄得知此事后非常生气，理直气壮地找王先生理论："我说你也太多事了，安装灯箱是我们的事，你怎么可以指手画脚呢？"王先生见小黄气势汹汹，虽然不情愿还是道歉道："不好意思，是我多了几句嘴，没想到后果会这样严重。"小黄还是没消气："你不好意思就解决问题了吗？这损失算谁的？"

王先生见小黄得理不饶人也不高兴了，他说："虽然我是说了几句，但你的工人也太没主见了吧？我不过是提了个建议，他们是专业人员，怎么就随便听信别人的呢？"小黄一听更火了："这么说你是想赖账啊？"王先生更不高兴了："你说话怎么这么难听，关键是分清责任，我们不能出冤枉钱。"

两个人你一言我一语地吵了起来，最后，小黄丢下一句话："我们法庭上见。"就走了。第二天，小黄的领导把他训斥了一顿："你做事怎么不动脑子呢？咱们和他们公司不仅仅是一个灯箱的交易，你和他们闹僵了，今后还怎么合作？"训斥到最后，领导对小黄说："你消消气，主动给对方赔个不是，争取把损失降到最低！"

小黄只好硬着头皮去找王先生。让小黄意外的是，王先生也很诚恳地向他认了错，两个人冰释前嫌，商定损失各负担一半。两个人不打不相识，成了好朋友，两公司业务上的往来也明显增加了。

"得理不让人，无理搅三分"。这是有些人常犯的毛病。如果在生活中得理不饶人，把一件不足挂齿的小事复杂化，把对方搞得下不了台，势必造成人际关系的恶化，更会给人留下固执己见、小肚鸡肠的不良印象。所以，对一些鸡毛蒜皮的小事或一些非原则性的问题，得理也不妨饶人，如此不仅可以化解矛盾，更可融洽人际关系。

俗话说："饶人不是痴汉。"当双方的争论已到剑拔弩张的时候，占理得势的一方应当有"得饶人处且饶人"的风范。切忌穷追猛打，将对方逼入死胡同。那样不仅不能辩赢对方，反而会扩大矛盾冲突。

一位男子在饭店请几个生意上的合作伙伴吃饭。本来大家都很高兴，可是服务员上菜时，一不小心把一些汤汁洒在了这位男子的裤子上。服务员见状，马上找来餐巾纸为这位男子清理裤边和鞋子，一边擦一边不停地说："真是对不起，我不是故意的，实在是因为不小心才出了这样的错误，对不起，请您原谅。"结果，这位男子非但没有消气，反而更加大声地说道："小小的服务员，难道连上菜也不会吗？我的裤子和鞋子都是很贵的，你怎么走路也不长眼啊！"

听了这话，服务员只好连连赔不是，一个劲地道歉，可是这位男子却非要找经理理论，闹得整个饭店的人都往这边看。

这时，他的合作伙伴说："谁都会犯错误，服务员也不是故意的，你又何必这样不依不饶呢？况且每个人都有尊严，就算他把你的裤子和鞋子弄脏了，你也不应该用那样的话去批评他。本来我还想和你继续合作下去，现在看来，没有那个必要了。我认为，没有宽广心胸的人，在做生意的时候也不是一个可靠的合作对象。"说完，这位朋友起身离开了。

因为别人一次小小的错误，就丢了自己的一单生意，实在是得不偿失，其实，很多时候，我们都会遇到这类事情。有些人会选择把小纷争放大，得理不饶人，最后闹得不欢而散，甚至损伤了自己的利益，而有些人却能够从另一个角度来考虑问题：既然事情已经发生了，我们何必斤斤计较呢？不如去包容对方、体谅对方，一来可以缓解矛盾，二来也能够体现出自己良好的修为，赢得他人的尊重。所以说，"得理让人"不失为一种成功的处世方式。

有一段时间，胡雪岩与庞二合伙做丝业收购，两人齐心协力，逼压洋人，抬高国人丝价，为了这件事，胡雪岩费了大量心血，做得实在不容易。谁知到了后来临近交货时出了一个乱子，被朱福年暗地里搞了鬼。

朱福年是庞二的档手。人送外号"猪八戒"，他自己野心勃勃，想借庞二的实力，在上海丝场上做江浙丝帮的首脑人物，因而对胡雪岩表面上"看东家的面子"不能敷衍，暗地里却处心积虑，想打倒胡雪岩。但是，他不敢明目张胆地跟胡雪岩对着干，所以一切都在暗中操作。所幸尤五最先发现问题，派人告诉古应春，古应春又来告诉当时身在苏州的胡雪岩。听得古应春细说原委，胡雪岩渐渐有了办法治服朱福年。

其实很容易，只需将庞二请出来，几个人合伙给他演一出戏，慢慢揭穿他的把戏，朱福年就没得混了。做得狠一点的话，让他在整个上海都找不到饭碗。

在对待吃里爬外的朱福年时，胡雪岩牢牢记住"饶人一条路，伤人一堵墙"的道理，因此，胡雪岩在这件事的处理上是极为漂亮的。

朱福年做事不地道，不仅在胡雪岩与庞二联手销洋庄的事情上作梗，还拿了东家的银子"做小货"，他的东家庞二自然不能容忍。依庞二的想法，他是一定要彻底查清朱福年的问题，狠狠整治他一下，然后让他滚蛋。但胡雪岩觉得不妥。胡雪岩说："一发现这个人不对头，就彻底清查他，之后请他走人，这是普通人的做法。最好是不下手则已，一下手就叫他心服口服。诸葛亮'火烧藤甲兵'不足为奇，要烧得他服帖，死心塌地替你出力，才算本事。"

胡雪岩的做法是：先通过关系，摸清朱福年自开户头及将丝行的资金划拨"做小货"的底细，然后再到丝行看账，在账目上点出朱福年的漏洞。然而他也只是点到为止，不点破朱福年"做小货"的真相，也不再深究，让朱福年感到自己似乎已经被抓到了把柄，但又不明实情。同时，他还给出时间，让朱福年检点账目，弥补过失，等于有意放他一条生路。最后，则明确告诉朱福年，只要尽力，自己仍然会得到重用。

这一下，朱福年心惊不已，自己的毛病自己知道，却不明白胡雪岩何以了如指掌，莫非他在恒记中埋伏了眼线？照此看来，此人莫测高深，真要步步相逼，他的疑惧流露在脸上，胡雪岩就索性开诚布公地说出了一席话："福年兄，你我相交的日子还浅，恐怕你还不知道我的为人，我的宗旨一向是有饭大家吃，不但吃得饱，还要吃得好。所以，我决不会轻易敲碎人家的饭碗，不过做生意跟打仗一样，总要齐心协力，人人肯拼命，才会成功，过去的就不说了，以后看你自己，你只要肯尽心尽力，不管心血花在明处还是暗处，我说句自负的话，我一定看得到，也一定不会抹杀你的功劳，更会在你们二少爷面前帮你说话。你若看得起我，将来愿意跟我一起打天下，只要你们二少爷肯放你，我欢迎之至。"

这番话，听得朱福年激动不已："胡先生，胡先生，听了您这样一席话，我朱某人再不肯尽心尽力就不是人了。"他对胡雪岩是毕恭毕敬，显然是对胡雪岩彻底服帖了。要知此人平日里总是自视清高，加之东家庞二"强硬"，所以平日里总在有意无意间流露出"架子大"的气势。此刻一反常态，才是真正内心的表现。胡雪岩得理也饶人，因此收服了朱福年。

宽恕别人的过错，有容人之量，适时地放对方一马，会使事情更加圆满地解决。

人人都有自尊心和好胜心，在生活中，大部分人一旦陷于争斗的旋涡中，便会不由自主地焦躁起来，有时为了自己的利益，甚至是为了面子，也要强词夺理，一争高下。一旦自己得了理，便决不饶人，非逼得对方鸣金收兵或自认倒霉不可。然而这次得理不饶人虽然让你吹响了胜利的号角，但也成了下次争斗的前奏。因为这对战败的一方来说也是一种面子和利益之争，他当然要伺机讨还。其实，在这种时候，对一些非原则性的问题，我们何不主动显示出自己比他人更有容人之雅量呢！所以说，得理也让三分，是一种做人做事的大智慧，谁能做到这一点，谁就能少些麻烦，多些顺畅。

不要随心所欲，说话办事留余地

有这么一个故事：

一个商人临死前告诫自己的儿子："你要想在生意上成功，一定要记住两点：守信和聪明。"

"那么什么叫守信呢？"焦急的儿子问道。

"如果你与别人签订了一份合同，而签字之后你才发现你将因为这份合同而倾家荡产，那么你也得照约履行。"

"那么什么叫聪明呢？"

"不要签订这份合同！"

这位商人所讲的道理不仅仅适用于商业领域。既然你已经许下诺言，那么不管是什么样的事情，你都要兑现。假如你已经做了某个承诺，尤其是关于人们的未来及前途方面的承诺，你就必须履行诺言而不能失信。你的话将被人们牢记在心里，直至它被履行的那一天。

但是怎样才能做到不失信于人呢？用商人的话来说就是"不要签订这份合同"。

精明的商人还告诉儿子另一个道理：虽说为人是要言而有信，然而却并不是毫无原则地事事都答应。

说话办事，要讲究一个"信"字，所谓"一言既出，驷马难追"，即说明诺言之重要。但生活中，不少人却轻诺寡信，即很轻易答应别人的要求，实际上却无法做到。世上总会有一些事是自己做不到的，因为一个人的能力是有限的，而且若是出于一时的冲动，或是高估了自己的能力，对他人做出了承诺，而没有兑现，那么最终只会失信于人。从理论上来说，"轻诺"必然是"寡信"的。

有位教授学识渊博，气质儒雅，颇令一批批的青年学子为之倾倒，真可以说是桃李满天下了。在经商热潮的冲击下，他也跃跃欲试地兼任了一个信息与广告咨询事务所的经理。

一天，某小杂志社的主编经人介绍来到教授家，教授热情而又不失礼节地接待了他，一番寒暄过后，主编道出了来意。原来，他们这个小杂志社有心搞一项文化活动，扩大自己的影响和募集一些资金，想请他出面帮帮忙。

教授仔细询问了一番后，感到还算满意似的频频点头："嗯，你们的想法很好，这样搞就对路子了，我愿意帮助那些有作为的年轻人。"

接着他又许诺说："我的学生中现在有许多已是企业和一些部门的领导了，他们一向很尊重我，也非常关心和支持我现在搞的这项事业。我请他们搞点赞助、广告什么的，估计不成问题。"

教授此番话，使主编大喜过望，信心大增。随后，主编连忙动用各种关系，好话说了千千万，才有一些名人答应来捧场。

就在主编等着教授许诺肯定能够拉来的赞助款的时候，教授忽然销声匿迹。各路菩萨都已一一拜到，杂志社不但白白劳神费力搭钱，而且还从此失信于人。

后来，每当老教授提起这事，他都叹着气说："唉，为拉赞助，我不知费了多少口舌，跑了多少路，好话说了几十车，把我的老脸都丢尽了！谁知那些人原来说得好好的，什么愿意给文化事业投点资吧，什么您出面我们还有什么可说的……可事到临头，该往外掏钱了，就又都变卦了！这下我倒好，成了猪八戒照镜子——里外不是人了！"

看来，对没把握的事许诺，真是害人又害己！因此，我们与人相处时，答应别人的必须是自己能力范围内的。一旦答应了，就一定要尽全力去办，而且还要办好，否则的话，在一开始就不要答应别人。履行诺言，是需要付出，需要承担责任的；所以，当你要许诺前，请三思而后行。在生活中，将不轻易许诺变成一个习惯，这样或许你的人生会减少许多遗憾。

现实中，有些人自认为自己本事或能力很大，口无遮拦，甚至一时兴起就许诺或答应别人的任何要求，可事后又不愿兑现或兑现不了，结果弄得个失信于人的下场。

轻易对别人许诺，说明你根本就没考虑所办之事可能会遇到的种种困难。困难一来，你就只会干瞪眼，给人留下不守信用的印象，许诺越多，问题就越多。所以轻诺是不可取的。

一次，公司有一个大的项目要赶在"五一"前完工，可是按照目前的进度，很难按时完成，为了不让公司的计划受到影响，老总想到了技术改进。他在公司里开了几次会来强调这次任务的重要性和紧迫性。在会上，老总问李铭："你最熟悉公司的技术，如果让你在'五一'之前的两个月里完成技术改进来实现公司的目标，你认为有困难吗？""老板，别说两个月，为了公司，我保证一个月就完成任务。"李铭站起来不假思索地回答。

看到李铭这么有信心，老板拍着他的肩膀说："好样的，真没让我失望，一个月后，我希望你能给我一个满意的成绩。"会议结束后，研发部主管对李铭说："一个月完成这么大的工程，怎么可能啊！我劝你去和老总说说，别到时候完成不了，害了公司又害了自己。"其实，此时的李铭也有些心虚，但是毕竟他已经向老总做了承诺，所以，只能回去把任务强加给自己的下属。

回到办公室，李铭召集手下的部门主管，开会研究决策，大家都觉得一个月时间太短，埋怨李铭把话说得太满。李铭安慰大家说："我也知道大家有难处，但是我已经向老板表了态，实在不行，大家就加加班。等任务完成了，咱们再补假。"

看到李铭已经下定决心，大家便不好当面反驳，他们对李铭说："我们一定竭尽全力，但是最后能不能按时完成，我们真的不能保证，因为项目实在是太大了。"李铭点头表示同意。接下来的一个月时间里，所有的部门主管都配合着李铭进行技术改进，但是由于在改进技术的过程中，有太多的工作，而且很多工作不是他们自己可以控制时间的。比如购买新设备，新设备的生产时间就用了整整半个月，等到了李铭的公司已经超过了20天，这样，后面的很多工作都要顺延，结果一个月过去了，李铭的技术改进还没有完成。

李铭没有兑现自己的承诺，在老板面前失了信，老板当即就大发雷霆，毫不留情地批评了他，并警告他："如果两个月内完不成技术改进，就走人！"

很多人都爱许诺，可他们却偏偏不珍惜这一诺千金的价值，在听觉与视觉上满足了他人的愿望之后，又留给了他人漫长的等待与终无音讯的失望。这种轻易许诺，而又没有想到要按时兑现的习惯，会让人对你无法产生信任。所以，对任何人来说，最重要的是言而有信，对没有把握的事情不要轻易去许诺，因为无法兑现许诺将比不许诺更糟。

有许多诺言是否能兑现得了，不只是决定于主观的努力，还有一个客观条件的因素。有些照正常的情况是可以办到的事，后来因为客观条件有了变化，一时办不到。这是常有的事。因此，在生活中，我们不要草率许诺，许诺时不要斩钉截铁地拍胸脯，应留一定的余地。另外，一旦知道自己无法实现承诺，就应该开诚布公地与接受你的许诺的人重新进行商量。这件事要尽快做，不要等到火烧眉毛再做。如果人们知道你一般能恪守承诺，即使在无法兑现时也会尽可能地和他们来协商，他们就会相信，你是一个可以依靠、可以信赖的人。

言语退让，不强争无谓的胜利

在人际交往中，每个人都会遇到相异于自己的人。大至思想观念，为人处事之道，小至对某人某事的看法和评论。这些程度不同的差异都会外化成人与人之间的争执与论辩。但如果你在争辩中碰到一个傻子或无知的人，又怎么能用辩论换来胜利呢？

通常，一个人和傻子争论，会出现三种结果。一是他赢了傻子：比傻子还傻；二是傻子把他赢了：连傻子都不如；三是和傻子打平了：跟傻子一样。所以说，不要同傻子争论，否则让人分不清谁是傻子。

有一次，孔子遇到了两个樵夫正在争论一件事。孔子上前倾听，两个樵夫都争先恐后地向孔子诉说事情的原委，他们在争论3乘以8是24还是23。一个樵夫说是24，一个偏偏说是23。孔子听后，笑着对说24的人说："你错了，他是对的。"说23的人笑呵呵地走了。剩下的樵夫不服气地对孔子说："你是怎么回事？明明应该是24，这个连小孩子都知道的，你怎么说他是正确的呢？"孔子笑着说："既然是连小孩子都知道的事情，他却不知道，他岂不是连小孩子都不如，你和他争论有意义吗？说你错了，对你又会有什么损失呢？你和他争论下去不是白白浪费时间吗？"

看来，不论对方是聪明还是愚笨，你不可能靠辩论改变他人的想法。即使你在争论中有理，但要想改变别人的主意，也是徒劳的。所以，何必和无知的人一般见识，不去争论并不能说明你无知，相反，能反衬出急于争论者的贫乏和无知。

然而现实生活中，很多人喜欢争辩，对一个问题，一个观点，争得脸红脖子粗，大有针尖对麦芒之势，其实，跳出来看，有必要去争辩吗？有些事情根本没有必要争辩。

一位名人曾说过："争论的背后往往孕育着危险。"此话确实一点不错。与人交流中难免会出现意见不一致的时候，假如你只知道自顾自地喋喋不休，全然不顾他人的感受，对方就会认为你是个狂妄自大的人，而不愿与你交往，甚至会因为争论时的过激言语刺伤自尊心，引起双方的矛盾。和别人争论而失去了朋友，失去了好人缘，这实在令人觉得可惜。要知道争论对人对己都是毫无益处的，它只会拉开你与别人的感情距离，招致对方的反感而已。

张玲伶牙俐齿，是辩论赛上的冠军，当她在台上口吐莲花般地辩论时，同学们都忍不住为她的口才所折服。然而，在生活中却没人喜欢她，因为她把她的辩论才能也用在了和同学的沟通中。

"不对，你的提法就是错误的！"

"太可笑了，你怎么会这么认为！你的观点太落伍了！"

"我的想法是绝对正确的，你不用再跟我争了！"

……

每一天，张玲都要为一些小事、一些看法和同学争论个没完，一副

"你不投降誓不罢休"的架势，同学们都有点害怕她了，她总能使轻松的聊天变成一场激烈的对抗，同学和她在一起总是提心吊胆，生怕一句话说错了让自己陷入一片枪林弹雨里。张玲身边的朋友越来越少，没有人喜欢和一门随时会喷火的大炮待在一起。

争辩不能起到任何作用。当人们面红耳赤地争辩时，说起话来就会不管不顾，也忘了是否会伤害对方。所以，遇到争论时，你最好能尽量控制自己，不要爆发，用理智来抑制激情，这样才能使大事化小，小事化无。

人生之中，何必事事都要去争论，以赢取那无谓的胜利。但在时下这个喧嚣的社会，有太多人愿意参与到这样无休止的争论中去，发表一些自以为是的观点，可结果呢，也许一辈子也没有结果。更重要的是，这样做对你毫无意义，不但为自己树立了敌人，还对你的人生也没有任何助益。正如睿智的班杰明·富兰克林所说的："如果你老是争辩、反驳，也许偶尔能获胜，但那是空洞的胜利，因为你永远得不到对方的好感。"

的确，争辩是毫无意义的。但人总有一个通病，不管有理没理，当自己的意见被别人直接反驳时，内心总是不痛快，甚至会被激怒。事实上，用争论的方法不能改变别人，反而会引起反感。争论所引起的愤怒常常引起人际关系的恶化，而所被争论的事物依旧不会得到改善。所以，如果你不想树立对立情绪，而想搞好人际关系，请记住：永远避免同别人争论。

言简意赅，说话切忌 唆冗长

《墨子·附录》中有这样一个故事：

> 有一名学生向墨子请教："话多好吗？"墨子回答说："青蛙日夜鸣叫，可仍然没有人听；报晓公鸡一叫，天下为之震动。话不在多，关键在于合乎时宜。"

这个故事告诉我们，啰唆一堆不如精炼一句，语言在精不在多，这是语言沟通的中心观点。如果一个人想要真正地把自己的话说得高效，就必须让自己的语言很简练，这样才能让对方很快明白你所说的意思。

美国总统哈里·杜鲁门一生中最推崇简洁的语言，他曾说过："一个字能说明问题就别用两个字。"但生活中，常有些人为了卖弄才华，在叙述一件事情时，极力修饰他们的语句，用重复的形容词，或穿插歇后语、俏皮话，甚至引用经典、名人语录。如果你没有专心听他说话，或许根本弄不清他到底在说什么。有的人说了半天，仍使人抓不住他所要表达的意思，即使用词再华丽也没用。说话时切记要说得简明扼要，在话未说出的时候，先在脑子里想好一个轮廓，然后按照顺序一一说出来。

明代有个大臣，名字叫茹太素，此人有才是有才，就是写起文章来啰唆。有一次，他写一个公文，本来只用500字就可以说明白，而他竟然用了几万字，满篇的套话、官话、空话，在朱元璋面前，他滔滔不绝地读着公文，读完了几页，还不见他切入正题。朱元璋越听越生气，于是便龙颜大怒，命令手下人将茹太素一顿痛打。

这个故事无非告诉人们这样一个道理：讲话要长话短说。说话啰唆、不懂节制，这是一种很不好的语言习惯，也是十分令人讨厌的说话方式。所以要记住，话贵精不贵多，啰唆一堆不如精练一句，只有把话说到点子上，把力量用在关键问题上，才可以达到很好的效果。

古语云："言不在多，达意则灵。"语言是传递信息和交流思想的工具，思想工作的技巧和表现手法主要体现在语言的运用上。要语不繁，字字珠玑，简练有力，能使人不减兴味；冗词赘语，语绪唠叨，必令人生厌。因此，在和别人交谈、说服别人时，要筛选、过滤出最精辟的表情达意的语句，尽可能以简洁的语言表达出深刻的内涵。

会说话的人，不一定是说话最多的人，话贵在精，多说无益。

有人曾去询问马克·吐温："演说是长篇大论好呢，还是短小精悍好？"马克·吐温没有正面回答，而是讲了一个有趣的故事："一个礼拜天，我到教堂去，适逢一位慈善家正用令人哀怜的语言讲述非洲慈善家的苦难生活。当慈善家讲了5分钟后，我马上决定对这件有意义的事情捐助50美元；当慈善家讲了10分钟后，我就决定将捐款减至25美元了；当慈善家继续滔滔不绝讲了半小时之后，我又决定减到5美元；慈善家又讲了一个小时后，拿起钵子向大家哀求捐助，并从我面前走过时，我却反而从钵子里偷走了2美元。"

鲁迅说过："时间就是生命，无端空耗别人的时间，无异于谋财害命。"那位慈善家本来只需5分钟就能讲完的话，却滔滔不绝地讲了一个小时，致使他的形象一落千丈，说话风格令人生厌，这怎能不引起马克·吐温的反感？

事实上，如果把话说得简短些，并不影响讲话的效果，因为讲话时间长，并不意味着讲话效果好。讲短话，是在追求效率，是懂得珍惜时间的表现，也是对别人的尊重。更为重要的是，这样的讲话别人才有可能听进去，并很好地理解。

在剑桥大学的一次毕业典礼上，整个大礼堂里坐着上万名学生。他们在等待伟人丘吉尔的到来。在随从的陪同下，丘吉尔准时到达，并慢慢地走入会场，走向讲台。

站在讲台上，丘吉尔脱下他的大衣递给随从，接着摘下帽子，默默地注视着台下的观众。一分钟后，丘吉尔才缓缓地说出了一句话："永不放弃！"

说完这句话，丘吉尔穿上了大衣，戴上帽子，离开了会场。整个会场鸦雀无声，随后掌声雷动。

丘吉尔仅仅用了几个字，就将自己要演讲的内容说了出来，语言贵精不贵多。丘吉尔就是用简洁的语言达到了这个效果。

不言则已，言必有中。所以，话不在多，而在于精，在于说到点子上。

说话的关键并不在于你用多么高深的长篇大论使对方崇拜自己，而在于将你要告知的信息准确地传递到对方心中，即便语言朴实无华，只要你观点论述正确，表述有条不紊，那么你的谈话定能直通对方心中。

宋代大文豪苏东坡对语言的使用有颇为精妙的见解："凡文字，少小时须应气象峥嵘，彩色绚烂；渐老渐熟，及造平淡；其实不是平淡，乃绚丽之极也。"我们应当把追求语言的简洁精练、通俗易懂作为讲话的基本功，不断地加强训练和学习。

谈吐优雅，改掉不良的说话习惯

优雅的谈吐在社会交往中占据很重要的地位，因为语言本是人们交流思想的工具，在人的交往中，时时刻刻都离不开这个工具。其实谈吐优雅是一种艺术，也是一种美，更是一种日常说话技巧。那些能言善辩，应答如流，吐珠泻玉的人，人们都乐于和他们交往。反之，口拙舌笨，结结巴巴，词不达意，语无伦次或者是南腔北调，半土半洋的人使人感到厌恶。所以我们一定要改掉不良的说话习惯，特别注意说话得体，讲究语言之美。

那么不良的说话习惯有哪些呢？

1. 说话用鼻音

用鼻音说话是一种常见且影响极坏的说话习惯，当你使用鼻腔说话时，就会发出鼻音。如果你用大拇指和食指捏住鼻子，你所发出的声音就是一种鼻音。如果你说话时嘴巴张得不够大，声音也会从鼻腔而出。在电影里，鼻音是一种表演技巧，如果演员扮演的是一种喜欢抱怨、脾气不好的角色，他们往往爱用鼻音说话。如果你期望自己在他人面前具有说服力，或者令人心荡神怡，那么你最好不要使用鼻音，而应使用胸腔发音。正确的方法是，平时说话时，上下齿之间最好保持半寸的距离。

2. 声音过尖

一个人受到惊吓或大发脾气时，往往会提高嗓门，发出刺耳的尖叫。一般女性犯此错误居多，要多加注意。因为尖锐的声音比沉重的鼻音更加难听。而且声音过尖会给人一种轻浮的感觉。

3. 说话忽快忽慢

一般来讲，说话的速度很难掌握，即使是一些专业演说家或政治家，有时也不容易把握好自己说话的速度。说话太快，别人就听不懂你在说些什么，而且听着像喘不过气来。说话太慢，人们根本不听你说，因为他们会因此失去耐心。据专家研究，适当的说话速度为每分钟 120 至 160 个字，当我们朗读时，其速度要比说话快。而且说话的速度不宜固定，你的思想、情绪和说话的内容会影响你表达的快慢。说话中把握适度的停顿和速度变化，会给你的讲话增添丰富的效果。为了测量自己说话的速度，你可以按照正常说话的速度念上一段演讲词，然后用秒表测出自己朗读的时间。你说话的速度如果达不到以上标准，你就应该在平时说话时注意这个问题。

4. 口头禅过多

日常生活中，人们听到这样的口头禅很多，如"那个""你知道不""是不是""对不对""嗯"等。如果一个人在说话时反复使用这些词语，一定会损害自己说话的形象。口头禅的种类繁多，即使是一些伟大的政治家在电视访谈中也会出现这种毛病。谈话中"啊""呃"等声音过多，也是一种口头禅的表现，著名演说家奥利佛·霍姆斯说："切勿在谈话中散布那些可怕的'呃'音。" 如果你有录音机，不妨将自己打电话时的声音录下来，听听自己是否有这一毛病。一旦弄清了自己的毛病，那么以后在与人讲话的过程中就要时时提醒自己注意这一点。

5. 讲粗话

讲粗话是说话的恶习。俗话说：习惯成自然。随便什么事情，只要成了习惯，就会自然地发生。讲粗话也是如此，一个人一旦养成了讲粗话的习惯，往往是出口不雅，自己还意识不到。讲粗话是一种坏习惯，是极不文明的表现，但要克服这种习惯也并不是一件易事。比较有效的办法是，找出自己出现频率最高的粗话，集中力量首先改掉它。一方面是改变讲话频率，每句话末停顿一下；另一方面是讲话前提醒自己，改变原有的条件反射。出现频率最高的粗话改掉了，其他粗话的克服也就不难了。

6. 手脚动作过多

手脚动作过多，即说话时动作过于频繁。可以检查一下自己是否在说话时不断出现以下动作：坐立不安、蹙眉、扬眉、歪嘴、拉耳朵、摸下巴、挠头发、转动铅笔、拉领带、弄指头、摇腿等。这都是一些影响你说话效果的不良因素。如果在说话时，动作过于频繁，听者就会被你的这些动作所吸引，而讲话内容就会被人忽视。

7. 咬字不清

有的人在谈话中，常常会有些字句含含糊糊，叫人听不清楚或者误解了他的意思。所以，不说则已，只要开口，就要把每个字 清楚准确地说出来。

8.用字笼统

有许多人喜欢用一个字去替许多字，譬如，他在所有满意的场合，都用一个"好"字来代替。他说："这歌唱得真好？""这是一篇好文章。""这山好，水也好。""这房子很好。""这个人很好。"……其实，别人很想知道一切究竟是怎样好法。这房子是宽敞，还是设计得很别致呢？这人是很老实呢，还是很慷慨？单是一个"好"字，就叫人有点摸不着头脑。还有这样的人，用"那个"这两个字代替几乎所有的形容词，例如："这部影片的确是很那个的。""这件事未免太那个了。""这封信叫人看了很那个的。"……这一类说话习惯主要是由于头脑偷懒，不肯多费一点精力去寻找一个适当的恰如其分的字眼所造成的。如果放任这种习惯，所说的话就容易使人觉得笼统空洞，没有内容，因而也就得不到别人的重视。

9.过于夸张

有些人喜欢用夸张的语言去强调一件事物的特性，以引起别人的注意。但也有人无论在什么场合表述都过于夸张。例如："这个意见非常重要。""这本书写得非常精彩。""这是一部非常伟大的戏剧。""这种做法是极端危险的。""这个女人美丽得简直无法形容。"……如此这般，讲得多了，别人也就自然而然地把你所夸大的字眼都大打折扣，这就使你语言的威信大为降低了。

10. 逻辑混乱

在叙说事理的时候，最重要的是层次清晰，条理分明。所以，在交谈以前，必须先在脑子里将所要讲的事情好好地整理一下，分成几个清楚明确的段落，摒除一些不大重要的细节。不然的话，说起话来就会拖拖拉拉。特别是当一个人叙述自己亲身经历的时候，更容易因为特别起劲，巴不得把所见所闻全盘托出，结果却叫人听起来非常吃力。